Ruth Haley Barton

Momentos Sagrados

ALINEANDO NUESTRA VIDA
PARA UNA VERDADERA
TRANSFORMACIÓN ESPIRITUAL

La misión de Editorial Vida es proporcionar los recursos necesarios a fin de alcanzar a las personas para Jesucristo y ayudarlas a crecer en su fe.

MOMENTOS SAGRADOS
Edición publicada en español por Editorial Vida - 2008
© 2008 Editorial Vida
Miami, Florida

Publicado en inglés bajo el título:
Sacred Rhythms
por Ruth Haley Barton
© 2006 de Ruth Haley Barton

Traducción: *Silvia Himitian*
Edición: *Virginia Himitian*
Diseño interior: *Pablo Snyder & Co.*
Diseño de cubierta: *Cathy Spee*

Reservados todos los derechos. A menos que se indique lo contrario, el texto bíblico se tomó de la Santa Biblia Nueva Versión Internacional.
© 1999 por la Sociedad Bíblica Internacional.

ISBN: 978-0-8297-5142-0

Categoría: Vida cristiana / Crecimiento espiritual

Impreso en Estados Unidos de América
Printed in the United States of America

08 09 10 11 ❖ 6 5 4 3 2 1

*Con amor y gratitud,
a las comunidades del Centro
para la Transformación,
por su compañerismo en esta travesía.
Nuestra búsqueda compartida
ha producido este libro.*

ÍNDICE

Introducción 7

1. EL ANHELO DE ALCANZAR MÁS:
   Una invitación a la transformación espiritual 17
2. LA SOLEDAD:
   Crear un espacio para Dios 29
3. LAS ESCRITURAS:
   Encontrar a Dios a través de la *Lectio Divina* 48
4. LA ORACIÓN:
   Profundizar nuestra intimidad con Dios 68
5. HONRAR EL CUERPO:
   Espiritualidad de carne y sangre 87
6. AUTOEXAMEN:
   Colocar mi ser entero delante de Dios 102
7. DISCERNIMIENTO:
   Reconocer la presencia de Dios y responder a ella 126
8. EL DÍA DE REPOSO:
   Establecer ritmos de trabajo y descanso 150
9. UNA REGLA DE VIDA:
   Cultivar los ritmos para lograr una transformación
   espiritual 170

Una nota de gratitud 194
Apéndice A:
Marchar juntos 196
Apéndice B:
Experiencia en el liderazgo de un grupo 211
Apéndice C:
Elección de las disciplinas espirituales
que corresponden a nuestras necesidades 214
Notas 217

INTRODUCCIÓN

Podemos comenzar con nuestra búsqueda (espiritual) prestando atención a los deseos de nuestro corazón, tanto los personales como los comunitarios. El Espíritu se revela a través de nuestras esperanzas genuinas con respecto a nosotros mismos y con respecto al mundo. ¿Hasta qué punto brilla la llama del deseo de tener un encuentro amoroso con Dios, con otras personas, con el mundo? ¿Sabemos que el deseo de Dios y la búsqueda de él son elecciones siempre disponibles para nosotros?

ELIZABETH DREYER

Años atrás participé de una reunión del equipo ministerial de una iglesia para la que trabajaba; el propósito de la reunión era hablar acerca de cómo atraer más personas para que se unieran a la iglesia. En determinado momento, alguien decidió contar los requerimientos ya estipulados para alcanzar la membresía, y entonces hicimos un asombroso descubrimiento: ¡había entre cinco y nueve requisitos *semanales* que cumplir por parte de aquellos que desearan convertirse en miembros de la iglesia!

Exteriormente intenté brindar apoyo al propósito de la reunión, pero en mi interior me preguntaba alterada: *¿Quién querrá suscribir estos requisitos?* Ya comenzaba a tomar conciencia acerca del SFC (Síndrome de Fatiga Cristiana) en mi propia vida y no podía pensar en imponer una situación similar a otros.

La claridad que amaneció sobre mí en ese momento me llevó a volverme un poco más sincera con respecto a la reducción a la que había sido sometida mi vida. En tanto que intentaba esforzadamente hacer más cosas, subyacía en mí interior un vacío anhelante que ninguna actividad (cristiana o secular) era capaz de llenar. El hecho de haber sido cristiana durante toda mi vida responsable, de haber servido en un ministerio cristiano vocacional desde mi temprana adultez o de estar ocupada respondiendo a lo que parecía una oportunidad que Dios me daba para que me comprometiera con muchas causas nobles, no hacía ninguna diferencia. Cuanto más me negaba a reconocer las ansias que tenía de algo más, tanto más profundo y ancho se volvía el vació, hasta que amenazó con tragarme. En medio de semejante páramo, me resultaba difícil siquiera imaginar lo que Jesús habría querido decir con: «Yo he venido para que tengan vida, y la tengan en abundancia» (Juan 10:10). Mi reacción ante los sermones y reflexiones devocionales sobre este versículo era cínica, en el mejor de los casos. No me parecía que la vida cristiana tuviese que ser así.

Me resultaba difícil pensar en un lugar en el que pudiera hablar sobre realidades tan inquietantes. La vida dentro de la comunidad cristiana y alrededor de ella ayuda muy poco a que le prestemos atención a nuestros anhelos, a que creamos que dentro de nosotros, muy profundo, hay algo esencial que merece ser escuchado, o a que alentemos alguna esperanza de que esos anhelos sean capaces de conducirnos a buen puerto. En ocasiones, los más profundos anhelos de nuestro corazón son desestimados, considerándoselos un mero idealismo: algo más allá de la esfera de lo posible aquí, de este lado del cielo. En otros momentos, la aparición de estas expresiones de humanidad provoca directamente una sutil sensación de incomodidad. El énfasis que se hace en muchos círculos religiosos sobre la depravación humana dificulta que podamos descubrir si es que hay algo confiable dentro de nosotros.

A veces el lenguaje de los anhelos se utiliza para despertar emociones en las multitudes, pero lo que a menudo se ofrece como respuesta no es más que una expresión de deseo. Nuestro anhelo de amor muchas veces se ve correspondido por relaciones que muchas veces son utilitaristas que tienden a venirse abajo cuando se encuentran bajo presión. En ocasiones, nuestros anhelos de ser sanados y transformados chocan con mensajes de autoayuda que nos inspiran durante un corto tiempo, pero que luego nos cargan con la responsabilidad de intentar recomponernos por nosotros mismos a través de alguna nueva técnica o habilidad. Y en general se busca satisfacer el anhelo que tenemos de un estilo de vida que funcione bien con una invitación a realizar mayor cantidad de actividades. Esto, lamentablemente, pone en juego nuestras compulsiones y nos arrastra en el mismo sentido que la cultura occidental.

Mi primera reacción ante la toma de conciencia de mis anhelos fue intentar achicar un poco mi agenda, aprender a decir que no con un tono de voz más decidido, adoptar herramientas de conducción acordes con este tiempo. Pero llegó un momento en que el deseo se hizo tan profundo que las pequeñas modificaciones no fueron suficientes. Al final, simplemente me di por vencida, y tomé la decisión de reordenar de forma radical mi vida para iniciar una búsqueda espiritual. Fue un tiempo de completa apertura, de cuestionar prácticamente todo, de permitir que muchos de los adornos externos de mi vida (en particular, de mi vida espiritual) declinaran hasta que los deseos más vehementes y profundos, aquellos que se hallan incrustados en la misma esencia de nuestra humanidad, comenzaran a revelarse en toda su tosca belleza y fuerza. El anhelo de alcanzar significado, las ansias de amor, el deseo ferviente de lograr cambios profundos y fundamentales, el anhelo de una forma de vida que realmente funcionara, el deseo intenso de lograr una conexión experimental y hasta visceral con aquel que está más allá de nosotros, todos esos anhelos me condujeron a iniciar una búsqueda en cuanto a prácticas espirituales y a establecer un ritmo de vida que resultara más prometedor.

APERTURA AL MISTERIO DE UNA TRANSFORMACIÓN ESPIRITUAL

Quizás una de las cosas más básicas que necesitamos comprender con respecto a la transformación espiritual es que está llena de misterio. Podemos abrirnos a ella, pero no realizarla por nuestra propia cuenta. Pablo alude a esto en sus escritos usando dos metáforas. La primera remite al proceso a través del que un embrión se forma en el seno materno: «... vuelvo a sufrir dolores de parto hasta que Cristo sea formado en ustedes» (Gálatas 4:19). El milagro de la concepción, de la formación del embrión y del proceso de nacimiento son en sí mismos naturales, pero a la vez están llenos de misterio. Aun cuando he concebido y dado a luz tres niñas, aun cuando me he maravillado ante las imágenes de la formación del embrión en el seno materno, aun cuando creo que comprendo los hechos de la vida, algo en todo ese proceso sigue siendo un misterio para mí; se trata de algo que no puedo controlar ni hacer que suceda. El milagro del nacimiento será siempre un milagro. Es una acción de Dios. Y vuelve a serlo cada vez que ocurre.

Es lo mismo que pasa con el proceso de metamorfosis. Pablo se refiere a él en Romanos 12:2, cuando dice: «No se amolden al mundo actual, sino sean transformados *[metamorpho]* mediante la renovación de su mente». La palabra *metamorpho* corresponde al término «metamorfosis» en castellano, e indica el proceso a través del que la oruga entra en la oscuridad del capullo para poder emerger luego, transformada hasta un punto en el que no resulta posible reconocerla. Este cambio es tan profundo que la oruga trasciende su existencia previa para asumir una forma que implica un conjunto completamente distinto de capacidades. Yo dudo de que la oruga alcance una gran comprensión cognitiva del proceso en sí o del producto final. Una cuestión más primaria es la que se pone en marcha. Algo que hace a la misma esencia de este pequeño ser le dice: *Es el tiempo.* Así que la oruga obedece a este inexplicable impulso interior y se introduce en él.

Ambas metáforas encuadran el proceso de la transformación espiritual dentro de una categoría a la que llamamos misterio: algo fuera del alcance de la actividad humana normal y de una comprensión natural, y que solo puede ser captado por revelación divina y producido por la actividad divina.

¿Qué implica eso para aquellos de nosotros que buscamos entregarnos más plena y concretamente al proceso de transformación espiritual? Una de sus implicancias es que, sea lo que fuere que creamos conocer sobre ello, la decisión de entregarnos a *la experiencia* de transformación espiritual nos llevará al mismo límite de lo conocido y nos encontraremos asomados a lo desconocido. Aunque resulta normal que cada una de las personas redimidas experimente una transformación espiritual, algunos de sus aspectos quedarán siempre en el misterio para nosotros. Una cosa es torcer o controlar las conductas externas, y otra distinta experimentar esos movimientos sísmicos interiores que cambian nuestro modo de existir en el mundo, llevándonos de ser una oruga que se arrastra sobre el vientre a convertirnos en una mariposa que se abre paso hacia el cielo volando. *Esa* clase de cambio solo la puede producir Dios.

Al fin y al cabo, esto es lo más esperanzador que cada uno de nosotros puede decir con respecto a la transformación espiritual: *No me puedo transformar a mí mismo*. Ni a ninguna otra persona. Lo que sí puedo hacer es crear las condiciones que permitan que la transformación ocurra a través de desarrollar y mantener un ritmo de prácticas espirituales que me lleven a estar abierto y disponible delante de Dios.

UNA TRAVESÍA HACIA EL DESCUBRIMIENTO

Cuando entramos en contacto con nuestros anhelos más profundos (en lugar de dejarnos distraer por sus manifestaciones superficiales), se nos abre toda una gama de diferentes elecciones. En lugar de que sean la culpa o el deber los que nos motiven (como cuando decimos: «Verdaderamente debería tener un tiempo de quietud», o: «En realidad *tendría* que orar más»), nos sentimos compelidos a buscar formas de vida que resulten congruentes con nuestros más profundos deseos. A veces nos parece peligroso, y a menudo despierta toda una serie de nuevas preguntas, pero de eso se trata fundamentalmente la transformación espiritual, de escoger un modo de vida que nos abra a la presencia de Dios en las áreas de nuestro ser en las que se despiertan nuestros más genuinos deseos y más profundos anhelos. Este descubrimiento está al alcance de todos nosotros en la medida en que nos volvemos más sinceros en cuanto a mencionar aquellas cosas que no andan bien, de modo que podamos forjarnos una forma de vida más congruente con esos profundos deseos.

La travesía comienza cuando aprendemos a prestar atención a nuestros deseos en la presencia de Dios y les permitimos convertirse en el impulso que nos lleve a profundizar nuestro recorrido espiritual. En eso consiste la esencia del primer capítulo, y no debe ser tomado a la ligera o superficialmente por tratarse de un precursor de las disciplinas en sí. Si salteamos esta parte del proceso, nuestro trabajo con las disciplinas no será sino otro programa en el que entraremos en base a estímulos externos o motivadores superficiales. Detengámonos en este capítulo durante todo el tiempo que nos lleve asentarnos sobre algo sólido dentro de nosotros mismos, para poder descubrir qué es lo que realmente deseamos. Hasta que no nos instalemos en medio de esos deseos y los señalemos en la presencia de Dios, no estaremos en condiciones de ser guiados a las prácticas espirituales que nos proveerán la apertura para recibir lo que nuestros corazones anhelan.

Este paso del deseo a la disciplina es importante porque:

> Lo que le da forma a nuestras acciones es básicamente lo mismo que le da forma a nuestro deseo. El deseo nos lleva a actuar, y cuando actuamos, lo que hacemos nos conduce a una gran integración o a una gran desintegración de la personalidad, mente y cuerpo, y al fortalecimiento o deterioro de nuestra relación con Dios,

con otros y con el mundo. Los hábitos y disciplinas que utilizamos para darle forma a nuestro deseo constituyen la base de la espiritualidad.

Cada capítulo que sigue proporciona una guía práctica para entrar a las disciplinas centrales de la fe cristiana de manera que se vinculen con los deseos más apremiantes y pertinentes del alma humana. Al final de cada capítulo se incluye una sección práctica que nos ofrece una guía concreta para experimentar cada disciplina, de modo que la podamos incorporar a nuestra vida cotidiana. Aquellos que no consigan evitar leer todo el libro de un tirón, que lo lean; sin embargo, se le puede sacar mayor beneficio releyéndolo lentamente y practicando en verdad cada disciplina durante el tiempo que nos lleve llegar a sentirnos cómodos con ella y experimentarla como una expresión natural de nuestra intimidad con Dios.

Este libro no es (y ningún libro podría serlo) un tratado exhaustivo sobre todas las disciplinas espirituales que aquellos que se adentraron en la búsqueda espiritual han utilizado a través de la historia humana. Las disciplinas que exploramos aquí son simplemente las que resultan más básicas y necesarias a modo de comienzo, como aprender los pasos básicos de una danza o la melodía que constituye el eje de una canción. Luego de que exploremos estos movimientos básicos en nuestra relación con Dios, el capítulo nueve nos ofrecerá la oportunidad de comenzar a unir todo dentro de un patrón, de modo que podamos avanzar más allá de algunos acercamientos fortuitos o casuales hacia una vida espiritual. En la tradición cristiana, este arreglo estructurado de las prácticas espirituales se denomina «una norma de vida». La norma de vida es una manera de ordenar nuestra existencia en torno a los valores, prácticas y relaciones que nos mantienen abiertos y dispuestos a que Dios realice la obra de transformación espiritual que solo él puede producir. Dicho simplemente, una norma de vida nos proporciona la estructura y el espacio para el crecimiento.

La frase «ritmos espirituales» constituye otra manera útil de referirnos a este importante concepto, porque proporciona alivio con respecto a ciertos enfoques rígidos o de mano dura en relación con la vida espiritual que muchos han experimentado. Este lenguaje nos lleva a la imaginería de los ritmos naturales del orden creado: al flujo y reflujo de las olas y mareas del océano que van y vienen de manera estable, pero que están llenos de una variedad y una creatividad infinitas. Tanto lo predecible de los cambios estacionales como lo variable de su belleza vuelven a cautivarnos vez tras vez. El ritmo de la percusión, hace de la música y la danza una de las experiencias más deliciosas y espontáneas de las que disfrutamos, sin embargo requiere también de maestría en la ejecución de las notas y movimientos básicos para poder entrar completamente en ellas.

Las disciplinas mismas son componentes básicos del ritmo de la intimidad con Dios que alimenta y edifica el alma, y nos mantiene abiertos y bien dispuestos hacia las iniciativas sorprendentes de Dios en nuestras vidas. Luego de que aprendemos las disciplinas, hay espacio para una infinita creatividad en lo que hace a unirlas en un ritmo que resulte adecuado para nosotros, y libertad para agregar otras disciplinas y elementos creativos.

La oruga debe entregar la vida que conoce y someterse al misterio de la transformación interior. Emerge transfigurada de este proceso, con alas que le dan libertad para volar.
...Una norma de vida nos proporciona la manera de entrar en un proceso de transformación personal que dura toda la vida. Sus disciplinas nos ayudan a despojarnos del conocido y sofocante «viejo hombre», y permiten que se forme nuestro «nuevo hombre» en Cristo, ese verdadero yo que se siente naturalmente atraído hacia la luz de Dios.

MARJORIE THOMPSON,
SOULFEAST [Fiesta para el alma]

UNA INVITACIÓN A LO COMUNITARIO

A pesar de que el énfasis de este libro está puesto en las disciplinas espirituales practicadas en forma personal, la travesía espiritual no ha sido planeada para que la realicemos en soledad. Todas las Escrituras lo corroboran, pero la vida de Jesús en particular nos ofrece un ejemplo incontestable. En el mismo comienzo de su ministerio, él eligió, luego de orar y escuchar a Dios durante toda la noche, una comunidad pequeña formada por doce discípulos: «llamó a los que quiso», según las Escrituras nos dicen. Los escogió en primer lugar «para que lo acompañaran» (Marcos 3:13-14), y luego para que realizaran la obra del ministerio. La primera invitación fue para que estuvieran junto con él en comunidad para ser formados a través de sus enseñanzas y liderazgo; y él se mantuvo fiel a esa relación hasta el fin de su vida.

Nuestro compromiso con la comunidad y con las amistades espirituales que se dan dentro de esa comunidad constituye en sí mismo una disciplina de gran significado para la vida espiritual. Las amistades espirituales no tienen que ver con relaciones sociales que existen con el propósito de ponernos al corriente de ciertas novedades durante un almuerzo, o de concertar salidas ocasionales para comer o jugar al golf. No se trata de una relación colegiada con un enfoque en las cuestiones de la obra o en proyectos de servicio. No tiene que ver con una relación de autoayuda dirigida prioritariamente a resolver problemas o a dar cuenta de nuestros actos. Tampoco se trata de un grupo de estudio bíblico. Más bien tiene que ver con una relación cuyo enfoque intencional es nuestra relación con Dios vista a través de la lente del deseo. Teniendo semejante amigo, podemos compartir con él los deseos más profundos de nuestro corazón, de modo que también podamos apoyarnos los unos a los otros al poner en orden nuestras vidas de maneras que resulten congruentes con aquello que nuestros corazones más desean. Juntos reverenciamos la manera en que Dios se encuentra con nosotros dentro del contexto de las prácticas espirituales que nos ayudan a buscarlo.

La comunidad constituye un elemento tan crucial del proceso de formación, que lo consideraremos como un tema que se entreteje a través de todo el libro. Es más, estamos invitados a *experimentar* la comunidad a través de la elección de uno o dos amigos, o quizás un pequeño grupo, con los que avanzar en la travesía, utilizando la guía provista en el apéndice «Una travesía juntos». Este apéndice nos guía a experimentar cada disciplina juntos y provee también preguntas que nos ayudan a analizar nuestra experiencia. Así que las disciplinas espirituales conforman la base de la interacción con otros en la comunidad, y nuestra vida en comunidad se convierte en un lugar seguro para practicar los patrones y conductas que producen los cambios substanciales. Si tenemos amigos que creemos que pueden compartir la capacidad y el deseo de adentrarse más profundamente en esta travesía espiritual, invitémoslos a unirse a nosotros para que nadie tenga que realizar el recorrido en forma solitaria.

Hay momentos de nuestras vidas en los que clamamos desde adentro: ¡No me importa lo que los demás digan! ¡La vida cristiana tiene que ser mucho más que esto! Este libro es para esos momentos de tu vida y la mía. Tiene que ver con escuchar a Jesús decirnos justo en esos momentos, en un susurro de comprensión y esperanza: «Hay deseos en ti que son muy profundos y verdaderos, y están conectados con la esencia misma de tu ser; esos son los deseos que yo quiero satisfacer, y no de una manera parcial, sino abundantemente».

Que Jesucristo mismo se encuentre con nosotros en el espacio de nuestra búsqueda espiritual.

1

EL ANHELO DE ALCANZAR MÁS

Una invitación a la transformación espiritual

La razón por la que no conseguimos ver a Dios es la debilidad de nuestro deseo.

MEISTER ECKHART

Si hay algo que todavía a esta altura de mi vida me sorprende es la manera en que se despiertan mis anhelos, el momento en que lo hacen y la fuerza con que afloran. En ciertas ocasiones resultan bastante predecibles: cuando estoy cansada de viajar y extraño mi hogar y mi familia, en las épocas en las que me encuentro demasiado ocupada y anhelo estar con Dios por amor a Dios mismo, y en ciertos momentos durante la temporada de vacaciones en los que ansío una experiencia más profunda en cuanto al sentido de las cosas. En alguna medida me he ido acostumbrando a estos anhelos y sé qué hacer con ellos. Pero hay ocasiones en las que mis ansias me acechan con una ferocidad que reconozco como totalmente fuera de proporción con respecto a lo que sucede en ese momento; me invade de pronto la sensación de que algo aquí y ahora justifica que le preste atención. Aunque la experiencia de anhelar y desear tiene un sabor agridulce, me recuerda que estoy viva de la manera en que deseo estarlo.

Unos pocos años atrás nuestra hija Bethany celebró su cumpleaños número quince. Era septiembre, estaba en el primer año de la escuela secundaria superior, y todo lo que deseaba era realizar una fiesta con cincuenta de sus amigos más cercanos. (¡Esa cifra fue lograda *después* de pasarle el peine fino a la lista y recortar los primitivos setenta y cinco!) Aunque me intimidaba un poco pensar en ser la anfitriona de la primera fiesta del año en la que recibiría a cincuenta nuevos estudiantes secundarios, eso era lo que ella deseaba, así que toda la familia brindó su apoyo en esta ocasión. La hermana mayor de Bethany, Charity (que estaba en el último año por ese entonces) reclutó a algunos de sus amigos para organizar y actuar como jueces en una competencia de karaoke. ¡Fantástico! Yo preparé y serví la comida. Mi marido, Chris, patrulló las instalaciones para asegurarse de que no lograran entrar a la fiesta algunos visitantes que fueran portadores de substancias indeseadas. Y la hermana más pequeña, Haley, simplemente intentó no interferir en nada.

En un determinado punto de la velada, tuve la sensación de que algo importante estaba sucediendo, algo que se relacionaba con los anhelos más profundos de mi corazón. Cuando los jovencitos se colocaron en la fila para servirse la comida y condimentar sus hamburguesas y salchichas, todos se mostraron muy educados y amables, pero había un muchachito que se destacaba, y su expresión de aprecio era tan genuina que detuve lo que estaba haciendo para prestarle atención. Me dijo: «Gracias por permitirnos participar de esto, señora Barton. ¡Nos estamos divirtiendo mucho!»

Yo levanté la mirada mientras servía, lo miré a los ojos y le respondí: «No tienes de qué. ¡Realmente disfrutamos de tenerlos!»

Dejó el ketchup a mitad de colocar, me miró y dijo con incredulidad: «¿De veras?», como si estuviera completamente desacostumbrado a que se lo recibiera con alegría.

La respuesta imprevista del jovencito resultó una combinación tan tierna de incredulidad y sorpresa que me llevó a tomar conciencia del sentido, y de pronto pude ver mi vida de un modo en el que nunca lo había hecho antes. Algo dentro de mí me había llevado a detenerme y prestar atención, para luego decir: *Esta es mi vida. Esto es lo que significa estar completamente en el aquí y ahora en lugar de vivir ansiando algo diferente. Esta es mi existencia tal como ha sido planeada: para desarrollarse en Dios.*

Ese momento pasó tan rápido como había llegado, y fue uno de los muchos que hizo de aquella una velada encantadora. Toda la familia se había unido para hacer algo especial por una de nosotros, y nos sentíamos bien. Cuando todo acabó, colapsamos en la sala familiar, exhaustos, y reflexionamos sobre aquella velada. Nos reímos del concurso de karaoke y comentamos acerca de los que habían cantado bien y los que no. Miramos despacio los regalos que había recibido Bethany. Hablamos sobre el lindo tiempo que todos parecían haber pasado y acerca de lo amables y corteses que habían sido. Y de nuevo me volvió el pensamiento: *Este es mi mejor y verdadero yo. Así es como deseo ser, por la gracia de Dios. Este es el tipo de momentos que recordaré en mi lecho de muerte, y podré decir: «Para eso fui creada».*

Y entonces me atraparon de nuevo: me refiero a aquellas ansias mías. Y brotó una oración desde lo profundo de mi ser, una oración tan llena de anhelos que apenas la podía articular: «Oh, Dios, dame más momentos como este, momentos en los que me presento completamente a ti y a los demás en amor. Momentos en los que me conecto con lo más puro y auténtico que hay dentro de mí y puedo responder a tu presencia desde ese lugar. ¡Quiero andar por la vida de tal manera que más de todo esto suceda!»

También hay otras circunstancias en las que los anhelos se despiertan. Recuerdo el peligroso verano en el que cumplí cuarenta años. Cuando se acercaba la fecha de mi cumpleaños y planeábamos la fiesta, me di cuenta de que no deseaba una fiesta en la que la gente estuviera por ahí parada, sosteniendo una bebida en la mano y charlando de intrascendencias. En esa ocasión fue el anhelo de ser amada lo que me tomó por sorpresa. Cuando le presté atención, descubrí que lo que más deseaba era poder dar y recibir amor en ese día. Anhelaba poder compartir desde el corazón y que todos fuéramos conscientes de que nos habíamos visto y escuchado unos a otros y expresado en palabras cuánto nos interesábamos los unos por los otros. Me resultó sorprendente descubrir que por debajo del ruido y la actividad de mi vida «adulta» se agitaba ese simple y tierno deseo.

Así que eso fue lo que hicimos. Cancelamos la fiesta, y en su lugar tuve momentos para compartir de forma individual con aquellos que eran más valiosos para mí a través de todo el día: en el desayuno, en el almuerzo, en la cena, ¡y hasta entre medio de ellos! ¡Qué maravilloso día resultó! Un día pleno de amor brindado y recibido.

También hay ocasiones en las que tomo conciencia de mis quebrantos y dentro de mí gimo anhelando un cambio verdadero y fundamental. En una época de mi vida me sentí tan profundamente traicionada que por un buen tiempo casi estuve bloqueada para relacionarme con cualquiera fuera del círculo más íntimo de mi familia y amigos. En tanto que experimentaba sensaciones normales de enojo e indignación, de tristeza y congoja, sentía un anhelo muy profundo: el anhelo de ser sanada. Era consciente de que me había vuelto hacia adentro, de que había cerrado mi corazón. La desconfianza y la sospecha habían conformado en mí algunas aristas duras y me había retraído. Me encontré clamando a Dios para que él hiciera algo dentro de mí que yo no era capaz de hacer sola. Algo que me permitiera entregarme otra vez a Dios y a los demás con esa clase de confianza y entrega que había conocido antes de la traición.

A pesar del sufrimiento que había experimentado, no deseaba vivir para siempre en un estado de quebrantamiento y dureza. Por primera vez, aquella oración elevada a Jesús por los ciegos y los quebrantados de sus días comenzó a brotar de mí por sí sola, de una manera espontánea: *Señor Jesús, ten misericordia de mí, un pecador*. Sabía que fuera lo que fuese que debía realizarse en mí, Dios tendría que hacerlo, porque yo era incapaz de recomponerme a mí misma.

EXPRESAR NUESTRO DESEO EN LA PRESENCIA DE DIOS

¿Cuándo fue la última vez que los sentiste? Me refiero a tus deseos, a tus anhelos. Tus anhelos de amor, tus anhelos de Dios, tus anhelos de vivir *tu* vida de la manera en que fue planeada, o sea en Dios. ¿Cuándo fue la última vez que percibiste gemir en tu interior aquellas ansias de sanidad y de un cambio fundamental?

No te apresures a proseguir, dejando esta pregunta sin responder; puede ser la pregunta más importante que te hayas hecho. Pero es difícil, lo sé. En los círculos religiosos estamos más acostumbrados a acallar nuestros deseos y a distanciarnos de ellos, porque sospechamos y tememos del poder que puedan ejercer sobre nosotros. *¿No hay nada mejor que podría hacer con mi tiempo?, nos preguntamos. ¿Algo un poco menos peligroso e impredecible? ¿Algo menos egoísta y más espiritual?* Además, ¡el deseo es algo tan volátil! ¿Acaso no son atravesados nuestros deseos por el engaño de nuestra humanidad y por impulsos pecaminosos? ¿Qué si me sobrepasan y me impulsan hacia abajo a un sendero por el que no debería transitar? O lo que es peor, ¿qué pasaría si toco ese lugar de los anhelos y deseos que se encuentra dentro de mí y me permito sentir verdaderamente su profundidad solo para descubrir que esos deseos no se pueden satisfacer? ¿Qué será de mí, entonces? ¿Cómo viviré con ese deseo que está vivo y despierto en lugar de permanecer quieto y reprimido?

Estos son algunos de los más profundos interrogantes del alma humana, y constituyen un desafío a cualquier intento de darles una respuesta simplista. En medio de mi propio malestar debido a estas cuestiones tan penetrantes, descubrí que meterme en las historias bíblicas para encontrar a Jesús mismo haciéndole a las personas preguntas que las ayudaban a contactarse con sus deseos y mencionarlos en su presencia, me sorprendía y al mismo tiempo me infundía confianza. Con frecuencia, al interactuar con aquellos que tenían hambre espiritual, los ayudaba a enfocarla con nitidez y claridad al preguntarles: «¿Qué deseas? ¿Qué quieres que haga por ti?» Estas preguntas tenían el poder de producir una reflexión profundamente sincera en la persona a la que iban dirigidas, y abría el camino para que Cristo pudiera conducir esa vida a niveles más profundos de verdad espiritual y de sanidad.

En la historia del encuentro de Jesús con el ciego Bartimeo, en el camino a Jericó, por ejemplo, la pregunta acerca de lo que deseaba constituye el punto pivotal. No sabemos durante cuánto tiempo Bartimeo había pasado sus días mendigando al costado del camino, pero en esa ocasión en particular él oyó que Jesús estaba pasando por allí, y experimentó la sensación de que se le abría una nueva posibilidad espiritual. Quizá Jesús lograra realizar aquello que había estado esperando y soñando por tanto tiempo.

Pero la ciudad estaba llena de gente y de ruido ese día, y parecía muy difícil lograr llamar la atención de alguien, cuánto más de una persona tan ocupada e importante como este joven y popular maestro que siempre andaba, según parecía, rodeado de sus discípulos y de aquellos que lo cuestionaban. Para conseguir llamar la atención de Jesús por encima del ruido ensordecedor de la multitud, Bartimeo tuvo que buscar muy profundamente dentro de él mismo, tocar ese lugar de necesidad y deseo humano y fundamental, y clamar desde allí: «¡Jesús, hijo de David, ten misericordia de mí!»

Y Jesús lo oyó ese día, por encima de todas las otras voces que clamaban por su atención. La sinceridad, la desesperación, lo profundamente humano de este clamor resultaban impresionantes. La gente alrededor de él se sintió perturbada por esa expresión tan sincera de necesidad e intentó silenciarlo, pero el clamor del alma de Bartimeo captó la atención de Jesús de un modo tal que lo llevó a detener sus pasos. Quedó parado en medio del camino y llamó a Bartimeo para que se acercara. Cuando estuvieron frente a frente, Jesús le hizo esa pregunta que requería que Bartimeo tuviera que mencionar su deseo: «¿Qué quieres que haga por ti?»

Si yo hubiera estado en los zapatos de Bartimeo, es posible que me hubiera impacientado un poco ante una pregunta cuya respuesta resultaba tan obvia. «¿Qué quieres decir con "qué quieres que haga por ti"? ¿No resulta obvio? Además, estás invadiendo mi privacidad, ¿no te parece? No nos conocemos *tanto* el uno al otro como para eso».

Pero considerándola en otro nivel, el nivel en el que se desarrolla nuestra travesía espiritual, se trata de una pregunta que penetra hasta el mismo centro del ser. Y sí, es muy, muy íntima. Nos coloca cara a cara con nuestra humanidad, con nuestra vulnerabilidad, con nuestra necesidad. Si se lo permitimos, semejante pregunta puede despojarnos de las capas de presunción y superficialidad que nos cubren, para exponer lo más genuino que hay dentro de nosotros. Y ese lugar es realmente muy sensible.

Nuestro deseo de recibir más de Dios de lo que tenemos ahora, nuestro anhelo de amor y nuestra necesidad de alcanzar niveles de transformación espiritual más profundos de las que hemos experimentado hasta aquí constituyen nuestra realidad más genuina. Tal vez pensemos que nuestra condición de seres heridos o nuestra pecaminosidad sea lo más verdadero de nosotros, y que son los dones, el tipo de personalidad, el título que hemos adquirido, nuestro trabajo, o nuestra identidad como esposo o esposa, padre o madre, los que nos definen de algún modo. Pero, ciertamente, es nuestro deseo de Dios y nuestra habilidad para buscar de él más de lo que ya hemos alcanzado, lo que constituye la esencia más profunda de nuestro ser. Hay un espacio dentro de cada uno de nosotros que tiene una naturaleza espiritual, y es allí donde el Espíritu de Dios da testimonio a nuestro espíritu sobre cuál es nuestra identidad más real. Allí mora el Espíritu de Dios con nuestro espíritu, y es donde nuestros deseos más genuinos se hacen conocidos. Desde ese sitio clamamos a Dios por una unión más profunda con él y con los demás.

EL DESEO COMO COMIENZO DE NUESTRA TRAVESÍA ESPIRITUAL

Cuando le prestamos atención a nuestros anhelos y permitimos que las preguntas con respecto a ellos vayan quitando las capas externas de nuestra autodefinición, nos conectamos con la dinámica más profunda de la vida espiritual. El despertar del deseo espiritual indica que el Espíritu de Dios está operando dentro de nosotros, llevándonos hacia él. Amamos a Dios porque él nos amó primero. Deseamos a Dios porque él nos deseó primero. Buscamos a Dios porque él nos buscó primero. Nada en la vida espiritual se origina en nosotros. Todo se origina en Dios.

Así que la vida espiritual comienza en el lugar menos probable. Empieza con el anhelo que se despierta en lo más profundo, por debajo del ruido, de la actividad, de las presiones y exigencias de la vida. Pero a veces nos incomoda reconocer esos anhelos, y el rumbo que el admitirlos nos imprime, resulta diferente para cada uno de nosotros.

Cuando Jacobo y Juan (y posteriormente su madre) respondieron la pregunta de Jesús acerca del deseo, pidiendo que se les asegurara puestos prominentes en el reino de Cristo (uno a la derecha y otro a la izquierda), quedaron al descubierto sus ambiciones impropias, y esto fue en detrimento tanto de ellos mismos como de la comunidad de los discípulos. Del mismo modo, hay deseos dentro de nosotros que obran en contra de la vida del Espíritu en nuestro interior, deseos arraigados en ambiciones egoístas, orgullo, codicia, temor, necesidad de autoprotección y muchas otras razones que no vamos a considerar. Estos están al acecho dentro de nosotros, y por eso nos parece que prestar cualquier tipo de atención a los deseos es como abrir la caja de Pandora. Pero resulta aún más peligroso rehusarnos a reconocer aquello que sucede realmente dentro de nosotros, porque sea que lo reconozcamos o no, esas dinámicas están en operación y ejercen un poder subterráneo en nosotros. Y su poder solo se fortalece cuando las mantenemos reprimidas por mucho tiempo. Es mucho más seguro, tanto para nosotros como para los que nos rodean, que presentemos nuestros deseos delante de Jesús, y que le permitamos que nos ayude a examinarlos y discernirlos.

Por perturbador que resulte quedar expuestos de esta manera, a veces es exactamente lo que necesitamos. Porque entonces Jesús, con toda delicadeza, puede ir quitando de nosotros todo lo falso y destructivo que hay en nuestros deseos y avivar la llama de los deseos buenos y genuinos.

Al escuchar la respuesta de Jesús a Jacobo y Juan, casi podemos sentir su amor y compasión por ellos: «No saben lo que están pidiendo —les replicó Jesús—. ¿Pueden acaso beber el trago amargo de la copa que yo voy a beber?» (Mateo 20:22). La capacidad de los discípulos de mostrarse así de sinceros con Jesús con respecto a las dinámicas más profundas que se movían dentro de ellos produjo una nueva clase de intimidad que abrió el camino para que él comenzara el proceso de enderezar lo que estaba torcido dentro de ellos. Cabía esperar que ese comentario y esa pregunta, tan penetrantes, sirvieran para comenzar a liberar a aquellos discípulos de sus deseos no genuinos. Si no hubieran sido sinceros con Jesús acerca de lo que sucedía en su interior, sus más oscuros deseos hubieran seguido actuando de modo subterráneo y probablemente con el tiempo habrían destruido su relación con los otros discípulos y su ministerio.

Dejar al descubierto nuestros deseos en la presencia de Dios, aun cuando no tengamos seguridad acerca de qué parte de ellos es verdadera y cuál falsa, resulta humillante, pero le proporciona a Dios la chance de ayudarnos a clasificarlos. También existe otra posibilidad. A veces, cuando exponemos nuestros deseos delante de la presencia de Cristo, descubrimos la necesidad de discernir cuál es nuestra parte y cuál la que le corresponda a Dios en este proceso de vivir en los deseos más profundos de nuestro corazón. Cuando Jesús se encontró con el paralítico en el estanque de Betesda, su pregunta con respecto a lo que él deseaba fue aun más aguda: «¿Quieres quedar sano?» (Juan 5:6).

En otras palabras: ¿Cuánto lo deseas? ¿Lo deseas lo bastante como para hacer algo al respecto?

¿CUÁNTO LO DESEAS?

He pasado mucho tiempo junto al banco de las jugadoras juveniles de fútbol durante los partidos y he presenciado toda suerte de actitudes desagradables por parte de los padres. Pero de vez en cuando aparece algún trazo de algo genuino en este, el más improbable de todos los lugares. Un día, un padre particularmente avasallador les estaba gritando a dos niñitas de cuarto grado que no lograban hacerse de la pelota y recuperarla para su equipo. En un intento por motivarlas, les gritaba (entre otras cosas) «¿Cuánto lo desean? ¡Tienen que quererlo de veras!»

Aunque estaba molesta con semejante despliegue de emociones desbordadas por parte de un adulto en un partido de niños, me golpeo la verdad que contenía esta declaración. La profundidad del deseo tiene mucho que ver con los resultados en nuestra vida. Con frecuencia, aquellos que logran lo que se han propuesto en la vida no son los más talentosos o dotados, ni aquellos a los que se les han abierto las mejores oportunidades. A menudo son los que están en contacto profundo con lo que más desean, sea lo que fuere; estos son los que se rehúsan permanentemente a aceptar interferencias por parte de cosas, que la mayoría de nosotros dejaríamos que se convirtieran en excusas.

Cuanto más auténticos son nuestros deseos, tanto más inciden sobre nuestra identidad y también sobre la realidad de Dios en el mismo centro de nuestro ser. Nuestros deseos más auténticos brotan, en última instancia, de las fuentes más profundas, por las que el anhelo de Dios corre libremente.

PHILLIP SHELDRAKE, *BEFRIENDING OUR DESIRES*

[Hagámonos amigos de nuestros deseos]

El paralítico estaba lleno de excusas: «No tengo a nadie que me meta en el estanque mientras se agita el agua, y cuando trato de hacerlo, otro se mete antes». La respuesta que Jesús le dio fue: No importa. «Levántate, recoge tu camilla y anda» (Juan 5: 6-9). Entonces el paralítico se extendió hacia ese lugar dentro de sí mismo en el que se encontraban sus más profundos deseos y su fe, e hizo lo que se le decía. Y de alguna manera su disposición a seguir lo que marcaba su deseo abrió el camino para que él pudiera experimentar el poder sanador de Jesús.

La interacción de Jesús con la gente con la que estuvo en contacto durante su vida sobre la tierra dejó en claro que el deseo, y la disposición a mencionar ese deseo en la presencia de Cristo, constituyen el elemento catalítico en la vida espiritual. Es uno de los motivadores más poderosos para una vida que se expresa coherentemente con intencionalidad y claro enfoque. Más allá de eso, la disposición a abrir este espacio delicado y a veces inestable delante de la presencia de Cristo forma parte de la intimidad que buscamos. De alguna manera crea la posibilidad de que Cristo esté con nosotros de un modo que puede suplir nuestra más genuina necesidad. Nos permite levantarnos del lugar en el que estamos al costado del camino para colocarnos en verdad en medio del sendero que conduce a una transformación espiritual para seguir a Cristo.

PRÁCTICA

Colócate en una posición confortable que te permita mantenerte alerta. Respira profundamente como forma de liberar cualquier tensión que pese sobre ti y de tomar conciencia de la presencia de Dios, que está más cerca de ti que tu propia respiración. Permítete disfrutar de la presencia de Dios en quietud por unos pocos momentos.

Cuando estés listo, imagínate en el escenario histórico de la narración de Bartimeo, tal como la relata Marcos 10: 46-52, o imagínate a ti mismo en tu propio lugar de necesidad. Lee la historia lentamente, viéndote como la persona que necesita algo de Cristo y clama a él desde la multitud bulliciosa. ¿Cómo te aproximas a él o procuras llamar su atención? ¿Qué palabras usas? ¿Qué emociones percibes?

Imagina que en respuesta a tu clamor Jesús se vuelve hacia ti. Ahora estás cara a cara con él. Date cuenta de que tienes la completa atención de Jesús (¡porque la tienes!) y escuchas la pregunta que te dirige: «¿Qué deseas que haga por ti?»

No sientas temor de tus emociones; es importante que te permitas sentir tu deseo en profundidad. Puede ser que necesites sentarte por un buen tiempo para considerar esta pregunta y tu respuesta antes de que realmente entres en contacto con el deseo de tu corazón, o de que puedas expresarlo cabalmente. Concédele a esta pregunta y a su respuesta todo el tiempo que requiera. Puede ser que desees hacer una caminata pensando en la pregunta, recostarte sobre la hierba y sentir la calidez del sol, o tal vez acurrucarte bajo una manta, o quizá registrar la respuesta en tu diario, o a lo mejor, entregarte a escribir, dando lugar a una expresión literaria.

Si eliges escribir en tu diario, puede serte de ayuda el comenzar con la frase: «Señor, lo que más necesito (o deseo) de ti en este momento es...» y luego dejar fluir tus pensamientos. Quédate esperando oír la respuesta de Cristo.

No sientas que necesitas hacer algo; simplemente disfruta de la intimidad y riqueza que vienen cuando eres capaz de «ponerte en contacto con lo que hay ti» en la presencia de Dios.

2

LA SOLEDAD

Crear un espacio para Dios

El alma es como un animal salvaje: ruda, elástica, llena de recursos, entendida, autosuficiente. Sabe sobrevivir en lugares difíciles. Pero también es tímida y cautelosa. Igual que el animal salvaje, busca seguridad en medio de la maleza. Si deseamos ver un animal salvaje, sabemos que lo último que tenemos que hacer es pisar ruidosamente al avanzar a través del bosque y llamarlo a gritos para que aparezca. Pero si caminamos en silencio al internarnos en el bosque, nos sentamos pacientemente al pie de un árbol, y nos mimetizamos con el entorno, el animal salvaje que buscamos puede hacer su aparición.

PARKER PALMER, *A HIDDEN WHOLENESS*
[Una totalidad escondida]

Nunca olvidaré mi primera experiencia extensa de soledad. Consistió en una especie de viaje al campo, que formaba parte de una clase del seminario sobre formación espiritual en la que explorábamos diferentes elementos de la vida espiritual. Como conclusión del período de clases, nos fuimos de retiro todos juntos para experimentar un tiempo extenso de soledad. Yo había estado practicándola por cortos períodos dentro del contexto de la vida normal, pero esta era la primera ocasión en la que alguien me invitaba a desenchufarme completamente y entrar en un día entero de soledad. Se nos había instruido a aquellos que formábamos la clase que nos reuniéramos en un centro de retiros cercano, en el que pasaríamos el día bajo la conducción de nuestro amado profesor.

La mañana se presentaba maravillosa, pero en algunos sentidos muy similar a lo que yo ya había estado experimentando; sin embargo, cuando llegó el tiempo de almorzar, algo nuevo comenzó a tomar forma. Se nos dijo que deberíamos comer en silencio para no dejarnos llevar por una interacción social que interrumpiera la atención que habíamos centrado en Dios. Nuestro anfitrión nos condujo hacia un hermoso comedor con ventanas en tres de sus costados, que permitían una vista que se extendía más allá de los terrenos del centro, hasta alcanzar los bosquecitos linderos. Habían preparado comida caliente, y las sillas estaban colocadas de cara a las ventanas, de modo que cada persona podía mirar hacia el exterior mientras comía. Al entrar al comedor en silencio, fue como si algo de pronto se hubiera abierto dentro de mí. Me tomó completamente desprevenida. Las lágrimas comenzaron a rodar por mi cara, y quedé allí parada, lagrimeando, sin pañuelos de papel a mano, y preguntándome qué era lo que me sucedía.

La primera sensación que pude identificar fue de puro alivio, al saber que no tendría que hablar con nadie ni hacer nada para servir a otros durante este almuerzo. Por una vez, mi lugar de soledad con Dios estaba siendo respetado: no era manejado, dirigido ni interpretado por un pastor o un líder de estudios bíblicos, ni por ninguna otra persona que pensara que sabía lo que yo necesitaba. Por una vez no iba a tener que esforzarme por entrar en un planteo prefabricado por otro para mi enriquecimiento espiritual. Estaba muy contenta de que se nos hubiera instruido sobre que no debíamos hablar, porque eso significaba que nadie podía hacer una intrusión preguntándome qué me pasaba para intentar «ayudarme». Yo necesitaba estar a solas con lo que sucedía dentro de mí. Porque tenía el espacio para sentir del modo en que lo estaba haciendo, pude comenzar a reconocer verdades que no había sabido de qué manera denominar anteriormente.

De pronto desperté a la conciencia del nivel de sobreestimulación y agotamiento que se daba en todo aquello que siempre había asociado con una vida cristiana normal. A medida que permití que mis emociones afloraran sin censura y sin intentar disuadirme a mí misma de permitirlas, comencé a percibir el peso de todas las expectativas cristianas que había estado cargando sobre mí sin tener conciencia de ello: las expectativas de ser una esposa espiritual y de ser una buena madre (mis hijas tenían once, nueve y cinco años en esa época), tratando de equilibrar eso con las demandas de mi vida profesional. También me pesaba la seriedad con la que mi marido y yo asumíamos nuestras responsabilidades como miembros de la iglesia y como familia que asistía a los servicios de la congregación con toda la actividad que ello implicaba. Estaba también el libro que acababa de escribir, que había extraído de mí hasta la última palabra que se me pudiera ocurrir. Y además todos mis intentos por ser una buena vecina, una buena cristiana, en fin, por ser buena en cada área.

Todo eso me había agotado tan completamente que estaba aquí, desbordada en mis emociones ante la más simple atención, como fue el que alguien me preparara una comida y me permitiera la libertar de sentarme en silencio ante Dios mientras la comía. Sin nada que hacer. Sin nada que decir. Sin tratar de llevar adelante ningún tipo de interacción social. Me preguntaba de qué modo había llegado a reducirse mi vida a esos niveles de actividad, a esa cantidad de palabras, a esas expectativas tan pesadas. ¿Cómo era que había llegado hasta aquí en mi vida espiritual sin que nadie jamás me hubiera dicho que era bueno dejar de hablar y dejar de hacer para simplemente estar en la presencia de Dios? ¿Qué iba a hacer ahora con los anhelos contenidos y con la frustración que se expresaban a través de estas lágrimas inesperadas?

Aún por otra razón fue bueno que no se nos permitiera hablar unos con otros: hubiera sido muy fácil escaparme a través de las conversaciones, o buscar respuestas fuera de mí misma. En lugar de eso, tuve que pasar el tiempo del almuerzo dejando correr las lágrimas y permanecer en la presencia de Dios, que fue mi compañero de mesa. Tuve que permanecer con mis anhelos delante de su presencia y ser sincera con respecto a que la manera en que estaba viviendo mi vida no resultaba congruente con mis deseos más profundos. Ese fue un descubrimiento que me dejó estupefacta; después de todo, era yo la que había hecho las elecciones en mi vida. ¿Cómo había acabado en esto, entonces? Señor, ten misericordia. ¿Qué podía hacer uno con semejantes anhelos y profundas emociones?

LA SOLEDAD: UN LUGAR PARA EL DESEO

La mayoría de nosotros no somos buenos para sentarnos ante los anhelos y deseos, sean nuestros o de otros. Uno se vuelve muy sensible. Vulnerable. Siente que las cosas están fuera de control. Es un lugar en el que el ser humano no es capaz de recomponer a otro, o llenarlo, y tampoco recomponerse o llenarse a sí mismo. Se trata de un lugar en el que solo Dios puede hacerlo.

El anhelo de soledad es el deseo de Dios. Es el anhelo de experimentar una unión con Dios no mediada de la típica manera en que generalmente intentamos comunicarnos con él. Por «no mediada» quiero decir una experiencia directa de Dios con nada en el medio: un encuentro con Dios que no es mediado por palabras, ni por construcciones teológicas, ni por una actividad religiosa, ni por una manipulación de la relación (sea por parte de nosotros o de otros). Es la práctica que aquellos que han estado en la búsqueda espiritual a través de las edades han utilizado para *experimentar* intimidad con Dios, más que simplemente para hablar de ello.

La soledad es un lugar. Es un espacio de tiempo que separamos para Dios y solo para Dios, un tiempo en el que nos desenchufamos y nos alejamos del ruido de la interacción con otras personas, de los sonidos externos, del activismo y de la estimulación constante asociada con la vida en compañía de otros. La soledad puede también relacionarse con un sitio físico que se ha separado para pasar momentos a solas con Dios, un lugar libre del alboroto y el desorden que producen el trabajo, el ruido, la tecnología y las otras relaciones, o cualquiera de esas cosas que nos llevan de vuelta a la modalidad del hacer. Y lo que resulta más importante aún, la soledad es un lugar dentro de uno mismo en el que el Espíritu de Dios y nuestro espíritu habitan juntos en unión. Ese sitio dentro de nosotros es privado y está reservado para la intimidad que Dios y nosotros compartimos. Lo que suceda entre nosotros dentro de ese ámbito no debe ser para el conocimiento público. Se trata de un espacio en el que nos podemos entregar completamente a aquel que ama nuestra alma, sabiendo que estamos a salvo de la mirada curiosa o condenatoria de cualquiera.

El silencio profundiza nuestra experiencia de soledad, porque en el silencio elegimos desenchufarnos no solo del constante estímulo de la vida en compañía de otros, sino también de nuestra propia adicción al ruido, a las palabras y a la actividad. Crea un espacio para prestar atención al conocimiento que nos llega desde más allá de las palabras, sin experimentar para nada la presión de tratar de poner en palabras las profundidades del alma humana. Entramos en la soledad y el silencio en base al deseo que tenemos de Dios, y esto se convierte en un lugar en el que podemos estar con nuestros deseos en la presencia de Dios. Aun cuando experimentemos algo de resistencia (lo que es muy normal, en especial al comienzo), cuando el deseo es lo suficientemente profundo como para sobreponerse a nuestra resistencia, ya estamos encaminados. La cuestión más esencial con respecto a la soledad es esta: ¿Cuánto he deseado estar con Dios, y cuánto ha deseado Dios estar conmigo?

UN LUGAR PARA QUE EL ALMA SE ASOME

El anhelo de soledad es también el anhelo de encontrarnos con nosotros mismos, para poder entrar en contacto con lo más genuino de nuestro interior, con aquellos aspectos más sólidos y duraderos que los que nos definen externamente. Y esa es nuestra alma: el lugar emplazado en el mismo centro de nuestro ser y conocido por Dios; y esa alma se ha arraigado en Dios y se ha hecho una con él.

Pero es delicado hacer que el alma se asome, como lo reconoce con gran elocuencia Parker Palmer. No nos sentimos a salvo porque esa experiencia interna implica una crítica continua y la emisión de juicios, y los espíritus sensibles no quieren arriesgarse a pasar por ella. Desgraciadamente, una gran parte de nuestra actividad religiosa es muy ruidosa también; muy a menudo solo somos un grupo organizado de gente ruidosa recorriendo el bosque junta, haciendo tanto barullo que las almas no se dejan ver.

Existen muy pocos lugares en los que el alma se sienta a salvo, en los que el conocimiento, los interrogantes y los anhelos del alma se sientan bienvenidos, recibidos, escuchados y no evaluados, juzgados o arrojados fuera de nosotros. La experiencia de la que hablé antes me proveyó un momento para que mi alma «se asomara» y me dijera cosas que me hubiera resultado imposible descubrir mientras andaba haciendo ruido a través del bosque de mi vida. Imagino a mi alma escondida debajo de un arbusto frondoso, sacudiendo la cabeza y diciendo: «¡No puedo hablarle mientras actúes de ese modo!» Me llevó medio día en soledad, seguido de un almuerzo en silencio, el poder llegar a una mediana quietud en mi interior como para poder entender lo que me estaba pasando. Luego, cuando lo comprendí, me llevó aún más tiempo en soledad el invitar a Dios a entrar a ese lugar y ayudarme sin permitir que otros irrumpieran presurosos o que yo misma saliera de allí corriendo.

Me recuerda la historia de un sacerdote que observaba a una mujer sentada en la soledad de un templo vacío con la cabeza entre las manos. Pasó una hora; luego otra. Ella permanecía allí. Juzgando que se trataba de un alma atribulada y ansiosa de recibir ayuda, finalmente el sacerdote se acercó

a ella y le dijo:«¿Hay algo que pueda hacer para ayudarte?»
«No, gracias, padre», le respondió. «Estaba recibiendo toda la ayuda que necesitaba hasta que usted lo interrumpió».
En la soledad le permitimos a Dios que nos ayude. Gracias al cielo que la soledad era la disciplina programada para aquel día, porque evitó que entráramos apresuradamente en la vida de los otros para interrumpir la obra de Dios en ellos.

DESENCHUFARNOS PARA ESCUCHAR

No resulta fácil crear esta clase de espacio para prestar atención a las dinámicas más profundas del alma en la presencia de Dios. No existe nada dentro de la cultura occidental, o aun dentro de nuestra subcultura religiosa, que apoye el que entremos en esos tiempos «improductivos» del ser en lugar de lanzarnos a la actividad frenética. Más o menos una década atrás, cuando nuestra sociedad se hallaba en la cúspide del descubrimiento de muchos adelantos tecnológicos que ahora damos por sentados, se escribió bastante acerca de la esperanza de llegar a tener una semana laboral de cuatro días, en la que se realizara la misma tarea. Eso no sucedió. En realidad, el ritmo de nuestro paso en la vida se ha vuelto más intenso; en lugar de trabajar cinco jornadas de nueve de la mañana a cinco de la tarde, hemos descubierto que la tecnología ha hecho que se vuelva más difícil establecer límites en torno a nuestra vida laboral. Dado que tenemos acceso al correo de voz, al correo electrónico y a la Internet desde cualquier parte, muchos de nosotros trabajamos seis o siete días por semana. Se esperaba que la tecnología nos ayudara a llevar adelante vidas más sanas, pero en lugar de eso, nos ha conducido a exigirnos más a nosotros mismos e intentar abarrotar aun más las cosas.

Uno de los nuevos desafíos que enfrenta nuestra generación es el impacto que la tecnología tiene sobre nuestra espiritualidad. Esto amerita una seria consideración. Si no somos cuidadosos, la tecnología tiene formas de comprometer nuestra capacidad de hacernos presentes ante nosotros mismos, ante Dios y ante los demás, lo que constituye un elemento fundamental de la vida espiritual. No sé qué es lo que te sucede a ti, pero a mí me entristece cuando separo tiempo para estar con algunos amigos, pero a causa de que dejan el teléfono celular abierto, quedamos a merced de todo tipo de intrusiones. No nos parece mal responder llamadas telefónicas en medio de una reunión, en un restaurante o durante un encuentro familiar. Y lo que me preocupa es mi propia compulsión por revisar el correo electrónico tarde a la noche y como primera cosa a la mañana. Cuando dejo de revisarlo, mi falta de disciplina imperceptiblemente me roba el resto de la velada y la presencia silenciosa de Dios por las mañanas. Quedo exhausta por la intrusión de los medios tecnológicos en cada rincón de mi vida, lo que resulta en una constante sobreestimulación del cuerpo, la mente y las emociones. ¡Todos estos dispositivos me desgastan!

El agotamiento llega cuando estamos demasiado accesibles todo el tiempo. Nos sobreviene una tristeza que nos embarga el alma cuando descubrimos que cierta calidad de vida o cierta calidad de presencia se nos escurre y escapa a causa de los demasiados «dispositivos». Se introducen durante el día en aquellas que solían ser pequeñas ventanas a través de las que volvíamos a ser renovados tanto en el cuerpo como en el alma (tales como paseos en automóvil, caminatas, almuerzos con algún amigo) y que se llenan ahora de ruido, interrupciones y múltiples tareas. Estar disponibles y accesibles nos hace sentir que realmente llevamos una existencia que no tiene límites, lo que deja sin protección aquellas cosas que nos son más preciadas.

Aunque la tecnología nos promete mantenernos más conectados y nos otorga la capacidad de «localizar y entrar en contacto con cualquiera» siempre que lo deseemos, con el tiempo esto resulta en una especie de fragmentación. Hace poco conducía mi automóvil por nuestro vecindario en un día de primavera espectacular, cuando noté tres personas en la senda peatonal: una con un niño, otra paseando al perro y la otra caminando sola. Las tres tenían algo en común: ¡estaban utilizando su teléfono celular! Me vino de pronto la claridad de que esto hubiese sido imposible unos pocos años atrás: una caminata al aire libre hubiera constituido una de las pocas ocasiones en las que podíamos desenchufarnos y disfrutar del momento.

No me sorprende que nos sintamos desconectados de Dios: raramente podemos prestarle nuestra completa atención en soledad y silencio. La reflexión concienzuda constantemente se ve saboteada por la intrusión de los teléfonos celulares, llamados y correos electrónicos. No me causa sorpresa que las relaciones humanas se hayan tornado tan insatisfactorias, dado que han quedado reducidas a conversaciones telefónicas interrumpidas, fragmentadas e incorpóreas. Los que consideramos dispositivos útiles en realidad nos están robando aquellas cosas que más valoramos. Nos hemos quedado con trozos y pedazos de todo en lugar de experimentar la plena sustancia de algo.

No es que le tenga aversión a la tecnología: yo también dispongo de un teléfono celular, un teléfono de base en la oficina, un teléfono fijo en mi casa y una dirección de correo electrónico, y me son muy necesarios. Sin embargo, soy consciente de los anhelos que corren en mí con mucha mayor profundidad de lo que la tecnología puede satisfacer. Noto que cuanto más lleno mi vida de dispositivos y tecnología, más vacía me siento en los espacios donde recalan mis más profundos anhelos. Ansío la belleza y la sustancia de estar en presencia de aquellos a los que amo, aunque me resulte menos conveniente. Ansío las largas y meditadas conversaciones, aunque resulten menos eficientes. Ansío conectarme con mi auténtico yo, aunque implique volverme inaccesible a otros en ciertos momentos. Ansío ser alguien que espera y escucha en profundidad la suave, pequeña voz de Dios, aunque implique desenchufarme de la tecnología para poder aquietarme lo bastante como para oír.

El ruido constante, las interrupciones y la tendencia a ser más productivos nos privan de lograr una experiencia directa con Dios y con otros seres humanos, o por lo menos la interrumpen, y eso nos aísla más de lo que nos damos cuenta. Porque experimentamos una conexión menos significativa tanto con lo humano como con lo divino; en lo que hace a las relaciones estamos más vacíos, y nos esforzamos más y más por llenar esa soledad con más ruido y estímulos. Al hacerlo, perdemos contacto con aquellas experiencias más silenciosas y sutiles que podemos tener con Dios dentro de nosotros.

Esto conforma un círculo vicioso.

La soledad nos brinda una oportunidad para interrumpir este ciclo, al apagar los ruidos y otros estímulos en nuestras vidas, de manera que podamos prestar oído a nuestra soledad y a los anhelos que nos llaman desde lo profundo hacia aquella única relación que puede satisfacer nuestros deseos.

PONGÁMONOS EN CONTACTO CON LO MÁS GENUINO DE NOSOTROS MISMOS

Solo hace muy poco tiempo he podido programar varios días de soledad bajo la guía de un director espiritual. Había pasado mucho tiempo desde que había logrado disfrutar de un período extenso de soledad y estaba consumida. Los viajes y la predicación, el ministerio y el liderazgo de retiros, las fechas tope para la entrega de escritos y las responsabilidades familiares habían crecido descomunalmente, al punto de que mi vida se había vuelto casi inmanejable, y mi alma estaba pagando el precio.

Mientras conducía hacia un lugar de retiros y me permitía a mí misma comenzar a aquietarme en la presencia de Dios, tomé conciencia de la profunda inquietud que había en el centro de mi ser. Había espacios íntimos llenos de dolor y desilusión que había estado intentando bordear con exhortaciones inspiradas, que me sonaban mucho más como la retórica de otros que como palabra de Dios. Pesaban sobre mí decisiones a tomar, pero estaba tan exhausta que no confiaba en mi buen juicio. Mi capacidad de amar y confiar se habían desgastado tanto por el deterioro de la vida, que temía deformarme en lugar de transformarme. Los anhelos espirituales se agitaban poderosamente dentro de mí, y me sentía agotada por el intento de manejar fuerzas tan inmanejables. Al llegar al sitio del retiro, me oí preguntar: «¿Habrá esperanza para mí?» Era la primera vez que me preguntaba eso.

Lloré durante toda la primera sesión espiritual a la que fui conducida. Al pasar de un tópico a otro, cada uno de ellos me llevaba a una nueva oleada de lágrimas. Finalmente, mi director espiritual me dijo: «Tu alma está cansada y golpeada. No puedes hacer nada a menos que descanses, y tal vez te tome más tiempo del que piensas. La soledad tenía que convertirse en un lugar de descanso para mí antes de que pudiera enfrentar ninguna otra cosa.

Esta es la forma en que resulta para la mayoría de nosotros. Muchos estamos más cansados *en el nivel de nuestra alma* de lo que nos hemos dado cuenta. Nos bamboleamos al borde de un agotamiento peligroso, y realmente no podemos hacer nada más hasta que logremos descansar un poco. Las otras disciplinas descritas en este libro y en otros lugares son maravillosos bocadillos de sustento espiritual, pero realmente no podemos introducirnos en ninguna de ellas hasta que la soledad se convierta en un sitio de descanso para nosotros en vez de constituir un lugar más de lucha y trabajo duro.

Jesús pareció estar muy atento a este particular peligro de la vida espiritual, porque en el mismo comienzo de su ministerio con los discípulos empezó a enseñarles sobre la importancia de desenchufarse de las demandas de la vida en compañía de otros, con el propósito de descansar en Dios. En Marcos 6:31, Jesús invita a sus discípulos: «Vengan conmigo ustedes solos a un lugar tranquilo y descansen un poco». A este versículo a menudo se lo saca de contexto, lo que está bien porque se trata de un imperativo simple y poderoso. Pero resulta mucho más fuerte cuando se lo toma dentro del contexto.

Si volvemos al comienzo de Marcos 6, descubrimos que Jesús acaba de comisionar a los discípulos para el ministerio y que les ha dado la autoridad para echar fuera demonios, predicar el evangelio y sanar a los enfermos. Son tiempos apasionantes, pero también de gran esfuerzo espiritual y complejidad emocional, porque han sufrido una pérdida devastadora: Juan el Bautista ha sido decapitado por el más tonto de los caprichos, y ellos se han tenido que ocupar de recuperar el cuerpo y enterrarlo. Es difícil imaginar el costo emocional que les significó ocuparse del cuerpo decapitado de aquel que había proclamado el camino del Señor con tanto poder y gracia.

En medio de todo eso (la primera oleada de buenos resultados en el ministerio y también el dolor de una pérdida personal muy sentida) los discípulos se reúnen en torno a Jesús y le informan acerca de todo lo que han hecho y enseñado. Casi podemos escuchar la clase de cosas que le dicen:

«¡No vas a creerlo! Le hablamos a un demonio que tenía atada a una persona, ¡y él la soltó!»

«Predicamos el evangelio y llamamos a la gente para que se acercara y se arrepintiera, ¡y todos pasaron adelante!»

«Había una persona lisiada, la ungimos con aceite, ¡y se curó! ¡Es increíble lo que está sucediendo por ahí!»

Pero Jesús parece no tener mucho tiempo para escuchar los informes sobre el ministerio de ellos. Está preocupado por una cuestión más importante: cómo van a sustentar su vida espiritual sin distraerse por el éxito que están alcanzando hacia afuera. Sin pérdida de tiempo, los invita a experimentar la soledad como un lugar de descanso en Dios.

Al igual que nosotros, están rodeados por personas que tienen necesidades, y no es algo sencillo el desprenderse del embrollo humano que los rodea. Apenas se ponen en marcha y alcanzan a subir a una barca para marcharse cuando la multitud descubre lo que están haciendo, parten a pie, y llegan antes que ellos. ¡El «lugar desierto» al que Jesús intenta conducirlos ya no es un sitio muy solitario!

Sin embargo Jesús no se desanima. Siente compasión por la multitud porque ve lo espiritualmente perdida que se encuentra, y dirige a los discípulos a que satisfagan las necesidades de la gente. Multiplica los escasos cinco panes y dos peces para convertirlos en una comida para cinco mil hombres más las mujeres y los niños; y en el proceso también multiplica las escasas energías de los discípulos para que puedan presentarse a ayudar. Pero antes de que se limpien los remanentes del milagro, Jesús está de nuevo en misión y les dice: «Yo termino aquí. Ustedes vayan al lugar solitario, porque todavía es eso lo que más necesitan» (ver Marcos 6:45). ¿Qué hay detrás del enfoque resuelto de Cristo y de su intención de conducir a los discípulos a un lugar de descanso?

APRENDER A DESCANSAR EN DIOS

Jesús sabía de la rapidez con que nuestras pasiones, aun las más nobles, pueden desgastarnos si no somos cuidadosos. Creo que él también comprende que las fuentes del agotamiento son diversas y complejas y que a menudo no tenemos ni la más mínima conciencia del costo que nos implican. Algunas son fuentes obvias de desgaste, como una pesada carga de trabajo, muchas responsabilidades familiares, épocas de mucha ocupación en la que las actividades especiales se amontonan. Pero existen también otras fuentes más sutiles de agotamiento interior. Puede ser que nos estemos manejando con un sentido desordenado acerca de lo que «deberíamos o tendríamos que» hacer, cargando con expectativas falsas acerca de lo que significa ser un buen cristiano. Dado que no siempre tenemos certeza sobre cómo vivir con nuestra humanidad, nos sentimos culpables cuando estamos cansados, enfermos o afligidos e intentamos hacer estas cosas a un lado en lugar de prestarles atención. Pero reprimir estos aspectos de nuestra humanidad requiere de nuestras energías, y con el tiempo el esfuerzo mismo nos desgasta.

Es posible que le pongamos muy poca limitación a nuestro trabajo o a nuestra disponibilidad para con otros y que seamos arrastrados por la sensación de que deberíamos hacer más porque siempre hay algo más que hacer. Aunque ese ritmo que no se detiene esté ligado a una pasión genuina por lo que hacemos (como en el caso de los discípulos), podemos llegar a un punto en el que nuestros dones y la pasión que ponemos nos desgasten porque no sabemos cuándo parar.

También existen otras posibilidades más oscuras. Podría ocurrir que fuéramos arrastrados por la necesidad de hacer cosas y que sintiéramos que solo somos valiosos cuando alcanzamos logros o hacemos algo. Nos resulta difícil entrar en la soledad porque amenaza la impresión que tenemos en cuanto a lo que somos. Nuestras tensiones irresueltas y la toxicidad de algunas relaciones pueden resultar muy agotadoras, pero no nos sentimos libres de desprendernos de ellas. Por lo tanto, acarreamos el gran peso de las heridas no sanadas pensando que deberíamos ser capaces de manejarlas, cuando en realidad eso va drenando día a día la energía que necesitamos para la vida.

Cuando llegamos a niveles más profundos de agotamiento, nos deslizamos de las prácticas espirituales, porque comenzamos a sentir que estamos más allá de toda esperanza y no tenemos las fuerzas como para mantener las disciplinas y los ritmos que en general nos han impartido vida. Con el correr del tiempo dejamos de llenarnos de ese fluir que brota naturalmente al llevar un ritmo de prácticas espirituales significativas, y comenzamos a sufrir de sequía interior.

Lo que Jesús procura es guiar a sus discípulos (entonces y ahora) a adquirir un ritmo en cuanto a la soledad, la vida en comunidad y el ministerio. Al adquirir ese ritmo, la soledad nos ayuda a mantenernos atentos a las dinámicas del agotamiento espiritual y a prestar atención a las otras fuentes más profundas antes de que nos pasen por encima. Una de las lecciones más importantes que he aprendido en los últimos años es acerca del valor de darle tiempo y espacio a aquellas cosas que constituyen lo más genuino de mi vida: celebrar las alegrías, sentir tristeza por las pérdidas, derramar lágrimas, sentarme a considerar mis preguntas, percibir mis iras y prestarle atención a mi soledad. Este «estar con lo que hay en mí» no es lo mismo que intentar resolver los problemas o arreglar las cosas, porque no todo puede arreglarse o resolverse. Más bien significa permitirle a Dios estar conmigo en ese lugar y esperar que él realice lo que haga falta. *En silencio mi alma espera por ti solamente, oh Dios. Solo de ti viene mi salvación.*

Cuando no les prestamos atención a nuestros puntos vulnerables y en lugar de eso tratamos de reprimirlos y mantenerlos vigilados, nos fatigamos en el intento. Con el tiempo se abren grietas por las que se filtran de una forma en que nos dañan a nosotros y a otros.

Otra razón por la que estamos tan cansados es que siempre nos esforzamos por resolver las cosas en lugar de aprender a dejar de luchar, encontrarnos con aquellas cosas que son verdaderas *delante de la presencia de Dios* y permitirle al Señor que sea Dios en los lugares más íntimos de nuestra vida, que, en definitiva, es lo único que puede cambiar algo. Estamos muy ocupados intentando hacer que las cosas sucedan en lugar de esperar que Dios las haga suceder.

Hay muchos textos en las Escrituras que señalan la importancia de esperar en la acción y en la iniciativa de Dios; uno de mis favoritos es un pequeño versículo de Éxodo 14. Los israelitas están literalmente encerrados, arrinconados: tienen el Mar Rojo delante de ellos y los egipcios persiguiéndolos por detrás, en un intento por llevarlos de regreso al cautiverio o destruirlos. El pueblo se queja ante Moisés con respecto al fracaso infame en el que ha acabado su plan de evasión. Moisés les responde con firmeza: «No tengan miedo... Mantengan sus posiciones, que hoy mismo serán testigos de la salvación que el Señor realizará en favor de ustedes. A esos egipcios que hoy ven, ¡jamás volverán a verlos! (Y aquí va mi parte favorita:) *Ustedes quédense quietos, que el Señor presentará batalla por ustedes*» (Éxodo 14:13-14).

Uno de los propósitos fundamentales de la soledad es proveernos una manera concreta de entrar en esa quietud, de modo que Dios pueda venir y hacer lo que solo él puede realizar. No estoy segura de que, en términos generales, los seres humanos seamos capaces de permanecer quietos y permitirle a Dios pelear por nosotros sin que alguna disciplina nos ayude a ello. Se trata de un tipo de descanso muy profundo, en realidad.

AQUELLO DE LO QUE TENGO CERTEZA

No hace mucho, escribí un libro con las crónicas de mi propia travesía por la soledad y el silencio durante los últimos quince años. El desafío al escribir el presente capítulo ha sido lograrlo sin apoyarme demasiado en lo que he escrito antes. Parecería que Dios ha usado esta oportunidad para impulsarme a echar una mirada más profunda a mi actual experiencia de soledad y me ha preguntado: «¿Qué es lo que sabes sobre ella ahora? ¿Qué puedes decir *ahora* que ponga de manifiesto la realidad de tu experiencia actual con esta disciplina cristiana tan significativa?»

Lo que me ha venido como respuesta a la pregunta de Dios resulta tan sorprendente que al escribirlo siento como que se trata de una verdadera confesión, pero aquí va: *Los únicos momentos en los que no me siento sola y mis anhelos de unión se ven satisfechos son aquellos que paso en soledad.* En un mundo de gente y cosas, en ocasiones experimento momentos en los que percibo un sentido de plenitud (momentos de unión con Dios y con los demás, y con ese mundo que está más allá) pero la mayoría de las veces esos momentos son fugaces y solo me permiten saborear apenas aquello que mi corazón anhela. La verdad es que, a menudo parecen exacerbar anhelos que sé ahora que nunca serán completamente satisfechos aquí sobre la tierra. Aunque se trate de momentos maravillosos, a menudo vienen cargados de una dolorosa conciencia acerca de la separación humana que experimentamos aun de aquellos que más amamos, y me quedo intentando manejar mis tendencias indóciles de tomarme y aferrarme, de controlar y manipular, de arreglar y de llenar, para poder mitigar el dolor de esa separación. Esos momentos son una pequeña muestra de eternidad que me llevan a anhelar más de esa eternidad; con demasiada frecuencia ese anhelo resulta tan doloroso que me hace brotar lágrimas.

Pero en la soledad hay descanso de todo eso, y durante un tiempo es como haber entrado en contacto con una profunda corriente de verdad que corre por debajo de todo lo demás: Todas las cosas han sido reconciliadas con Cristo, aun aquellas personas y cosas que parecen destruidas más allá de cualquier posible reparación. En la soledad sé que aun esas cosas que parecen irreconciliables, de alguna manera son reconciliadas en Cristo. Todas las cosas han sido hechas una a través de la persona y la obra de Cristo en ese espacio fuera del tiempo que es Dios. Cuando estoy en soledad, la presencia de Dios es tan real y tan plena que no hay nada más que desee. La gente que amo está conmigo en la presencia de Dios, más allá de los quiebres superficiales y las tensiones que nos separan, como seres finitos, en esta tierra; y entonces puedo experimentar nuestra unidad última en Dios. Esta experiencia es absolutamente lo único que satisface el anhelo de mi corazón.

Cuando me reinserto en mi vida en comunidad con otros y vivo *desde ese lugar de unión con Dios*, se produce una paz que sobrepasa cualquier comprensión y trasciende los anhelos. El anhelar está aún allí, pero el anhelo no es lo final. Dios es lo final, lo último, y todos nosotros estamos en Dios. Tal vez nada en mi mundo exterior se haya modificado, pero yo he cambiado, y eso es lo que la gente alrededor de mí necesita más que nada.

Desearía poder explicarlo mejor, pero esto es todo lo que puedo hacer.

«El hecho es que no hay nada de lo que estemos haciendo que Dios no pueda lograr que una piedra del campo

haga por él. Descubrir eso nos ubica en nuestro verdadero lugar. Sin embargo, a menos que el descubrimiento de nuestra insignificancia nos pegue muy fuerte, permítanme agregar que existe una sola cosa que podemos darle a Dios... y es nuestro amor personal. Ninguna otra persona puede darle a Dios nuestro amor personal. Aquí radica nuestro sentido de significación».

M. BASIL PENNINGTON, *FINDING GRACE AT THE CENTER*
[Encontrar la gracia en su centro]

PRÁCTICA

Elige un lugar confortable en el que te sientas seguro, y que te permita abrirte y estar disponible a Dios (puede ser tu silla favorita en casa; tu patio trasero, si es tranquilo; o tal vez una capilla cercana, si es que hay alguna accesible).

Coloca tu cuerpo en una posición cómoda y permanece sentado en silencio por unos momentos, respirando profundamente, y tomando conciencia de la presencia de Dios contigo y de tu deseo de presentarte ante Dios.

Siéntate en silencio al pie del árbol que es tu vida y comienza a notar qué es lo genuino en ti en estos días. No te apresures ni intentes hacer que suceda nada. Permite que tu alma se anime a salir y a decirte algo que quizá tengas dificultades en reconocer: ¿Hay alguna alegría para celebrar? ¿Alguna pérdida por la que estás pasando y te entristece? ¿Hay lágrimas en espera de ser vertidas? ¿Alguna pregunta que te da vueltas adentro? ¿Alguna emoción que necesitas expresar?

Permanece sentado con todo aquello que te venga a la mente, tomando conciencia de que la presencia de Dios está allí contigo. No intentes hacer nada con lo que descubras, excepto permanecer allí con esa conciencia. (En otras palabras, no te escapes asustado.) Percibe la diferencia entre tratar de arreglar las cosas y simplemente estar ahí presente. Percibe la diferencia entre intentar hacer algo con esas cosas y descansar frente a ellas. Descubre la diferencia entre tratar de luchar contra ellas y permitirle a Dios luchar en tu lugar.

¿Qué significa para ti *quedarte quieto y permitir que el Señor presente batalla (o realice una obra) por ti* en esta área en particular? Practica esta manera de entrar en la soledad regularmente hasta que se convierta en una rutina para ti el comenzar tus tiempos de soledad estando en quietud y permitiendo que tu alma se asome y luego puedas descansar en la presencia de Dios. Probablemente te sorprenderás de lo que tu alma desea decirle a Dios.

Existen muchas otras formas de comenzar la soledad con Dios, las que exploraremos más adelante. Pero por el momento, tómate un tiempo para permitir que esta habilidad de descansar en Dios se convierta en el fundamento de tu tiempo en soledad.

3

LAS ESCRITURAS

Encontrar a Dios a través de la *Lectio Divina*

La palabra de las Escrituras nunca debería dejar de sonar en nuestros oídos y de obrar en nosotros a lo largo de todo el día, del mismo modo en que lo hacen las palabras de alguien a quien amamos. Y de la manera en que no analizamos las palabras de aquellos a los que amamos, sino que las aceptamos tal como fueron dichas, aceptemos las palabras de las Escrituras y meditemos en ellas en nuestro corazón, como lo hizo María. Eso es todo... No nos preguntemos «¿Cómo puedo pasar esto a otros?» sino «¿Qué me dice esto a mí?» Luego meditemos esa palabra en nuestro corazón hasta que nos llegue profundamente y tome posesión de nosotros.

DIETRICH BONHOEFFER, *LIFE TOGETHER* [La vida juntos]

Debo confesar que a veces realmente tengo sentimientos ambivalentes con respecto a las Escrituras. Desde mis primeros días en la iglesia y en la escuela dominical aprendí que la Escritura ha sido inspirada por Dios y que es viva, activa y más aguda que toda espada de dos filos. Son las palabras de Dios para nosotros, pensadas para darnos vida. Y en algunos momentos todas ellas han sido así para mí.

Nunca olvidaré el entusiasmo que sentí luego de entregarle mi vida a Cristo en un campamento juvenil de verano, justo antes de entrar al noveno grado. Aunque ya «le había pedido a Jesús que entrara en mi corazón» durante un devocional familiar cuando tenía apenas cuatro años, el encuentro con él en ese verano constituyó mi primera experiencia real de conversión. Por primera vez reconocía mi pecaminosidad y rebelión en contra de Dios (y de mis padres) y «pegaba la vuelta», dejando una manera de vivir por otra. Se trataba de mi primera experiencia en este tipo de autoconciencia que conduce a una aflicción espiritual y luego al arrepentimiento. Las Escrituras cobraron vida para mí, y yo sentía hambre de ellas porque me conducían a cambios tangibles de actitud y comportamiento. (¡Pregúntenles a mis padres!)

Solía tener tiempos de quietud aun antes de saber que eran un requerimiento para la vida cristiana. Tomaba mi Biblia y mi diario, y a veces una guía de estudios bíblicos o un libro de poesías, buscaba un rincón privado y me perdía en él. Los Salmos en particular me resultaban maravillosos. Estaban llenos de las mismas alborozadas emociones que yo experimentaba como adolescente: ira y tristeza, soledad y cuestionamientos, añoranzas y pasión, adoración y admiración reverente. Cuando me sumergía en los Salmos me sentía comprendida y consolada, como si alguien realmente me hubiera *captado*. Y cuando leía las confesiones de David referidas a su pecado con Betsabé o su ardiente odio hacia los enemigos, comprendía que no había nada que no pudiera mencionar en la presencia de Dios. Nada estaba fuera de los límites o prohibido.

Eso no era poca cosa, siendo yo una jovencita apasionada y melancólica que había crecido en un medio ambiente religioso conservador. Las Escrituras me proporcionaron un lugar en el que estar y respirar. Amaba a Dios por lo que aprendía sobre él en las Escrituras.

Cuando me gradué de la secundaria y entré en la escuela bíblica, a la edad de (apenas) diecisiete años, se me abrió todo un mundo nuevo: el mundo del estudio bíblico concienzudo. Y realmente me refiero a un estudio bíblico *concienzudo*, más allá de aquellos acercamientos devocionales a la Escritura y de los mensajes para jóvenes orientados a una aplicación. Descubrí que se podían estudiar las Escrituras como un libro de texto y que se mantenían en pie cuando se las escudriñaba. Eran susceptibles de ser estudiadas desde diferentes ángulos: como libro de historia, como una recopilación de literatura de primera línea, como herramienta para desarrollar teología sistemática, como texto de sociología que ilustraba diferentes facetas de la condición humana. Era incluso un lugar en el que encontrar un par de idiomas diferentes que despertaban interés, si es que a uno le gustaba ese tipo de cosas. ¡Y yo era una de esas personas!

Me encontré ante las palabras más asombrosas para categorizar los temas bíblicos, palabras como *teología, pneumatología, soteriología, cristología, escatología, hermenéutica*. El solo hecho de poder usar semejantes palabras y saber lo que significaban me hacía sentir importante. ¡Eran cosas embriagantes para una adolescente!

También descubrí la alegría de utilizar las Escrituras para ayudar a otros. Trabajaba esforzadamente para alcanzar a captar una verdad bíblica, encontrar la manera de darle un marco lógico y creativo, y luego pasárselas a otros de un modo en que les ayudara. Y eso me producía una sensación nueva de alborozo. Esos fueron los comienzos de mi vida en el ministerio cristiano, una vida de estudio, enseñanza y aplicación de las Escrituras. Y la encontré profundamente satisfactoria.

Hasta un cierto punto.

Verán: algo diferente y muy sutil comenzaba a suceder. En algún punto del camino supuse que uno podía volverse realmente bueno en cuanto a estudiar y memorizar versículos, completar los espacios de las guías de estudios bíblicos, ir tildando los capítulos en la lista de lectura programada, y aparecer con enfoques creativos para el estudio bíblico o la preparación de mensajes. En mí círculo, a uno le otorgaban un puntaje importante por cosas de ese tipo. Y a pesar de que yo no hubiera sabido cómo expresarlo entonces, lenta pero seguramente las Escrituras se fueron convirtiendo en un lugar de lucha y de trabajo intelectual esforzado para mí. De alguna manera había caído en el patrón de usar las Escrituras como una herramienta para el logro de ciertos propósitos utilitaristas en lugar de experimentarlas principalmente como un lugar de intimidad con Dios para el bien de mi propia alma.

Y en algún punto del camino me cansé. Me cansé mucho. Cuando me quedaba a solas ante las Escrituras, comenzaban a parecerme sin vida y aburridas, inaplicables y obligatorias. Cuando estaba ante las Escrituras junto con otros (en estudios bíblicos, escuchando sermones, leyendo libros o comentarios) me parecían tediosas, como si fueran una herramienta que la gente usaba para colocarme las riendas, o para decirme lo que tenía que hacer, o para forzarme a pensar de la misma manera.

Admitir algo como esto no se veía muy bien dentro del panorama de una iglesia promedio o de un pequeño grupo de estudio bíblico, pero de todos modos era así.

Lo que me resultaba realmente sorprendente no era que esto sucediera, sino el hecho de que la diferencia fuera tan poco perceptible. Después de todo, los propósitos para los que yo usaba las Escrituras no eran malos en sí mismos o de por sí. Solo que con el correr del tiempo, sin que tuviera conciencia de ello, esos propósitos habían matado el gran propósito, el propósito principal por el que las Escrituras nos habían sido dadas: para permitir que nuestra propia alma y corazón sean penetrados por una palabra íntima de parte de Dios. Mi mente había quedado cautiva, pero mi alma y corazón habían sido arrastrados muy lejos por la corriente.

¿LEEMOS BUSCANDO INFORMACIÓN O TRANSFORMACIÓN?

Una forma de mostrar las distintas experiencias que podemos tener con las Escrituras es pensar en la diferencia que existe entre leer un periódico o un libro de texto y una carta de amor. Pensemos en la manera en que leímos el periódico esta mañana. Probablemente lo hayamos hecho de prisa para enterarnos de las cosas principales que están sucediendo en el mundo («solo los hechos, sí señor»). Con seguridad, tomamos esos datos con reserva, sin la convicción de que todo lo que leímos era ciento por ciento cierto e imparcial. Es probable que hayamos elegido aquí y allá lo que nos pareció más interesante o pertinente, y ni siquiera hayamos acabado de leer la mayoría de los artículos. Adivino que no nos despertó mayores expectativas el tomar el periódico esta mañana, porque la mayoría de las noticias son negativas y de todos modos no van dirigidas a producir una experiencia emocional profunda. Lo más probable es que ni siquiera hayamos notado quienes fueron los autores de los artículos, ni tampoco nos importó.

Lo mismo nos sucede ante un libro de texto. Si nos remontamos a los días de nuestra escuela secundaria o universidad, quizás recordemos haber utilizado ciertas técnicas en algunos momentos para tratar de obtener la mejor nota posible con el mínimo de lectura, en particular cuando se trataba de materias que no nos interesaban. En esas circunstancias, la mayoría de nosotros fuimos bastante buenos para acumular información en el cerebro y mantenerla allí hasta regurgitarla en el examen. No existía ninguna conexión emocional con el autor de su contenido. En tanto que había cursos que nos encantaban (afortunadamente), había otras ocasiones en que nos movía un propósito diferente, específico y muy pragmático, al leer: obtener una buena calificación, poder tildar la lista de lecturas obligatorias, resolver un problema, constatar algo, o lograr escribir un informe sobre un libro. Y una vez que cumplíamos el propósito, no volvíamos a pensar sobre el tema.

Ahora bien, tal vez podamos recordar alguna época en la que intercambiábamos cartas de amor con alguien. ¿Podemos evocar las expectativas con las que abríamos cada carta? ¿Recordamos lo maravilloso que nos parecía que esa persona tan especial nos expresara sus sentimientos? ¿Tenemos presente el lugar al que íbamos para leer la carta (quizás algún sitio privado y silencioso), y el modo en que saboreábamos cada una de las palabras y meditábamos acerca de lo que esas palabras podían significar? ¿Qué emociones nos invadían? ¿Todavía guardamos esas cartas escondidas en algún lugar especial en recuerdo de esta persona tan especial y de ese tiempo singular?

La triste realidad es que muchos de nosotros nos acercamos a las Escrituras más como a un libro de texto que como a una carta de amor. En la cultura occidental en particular, tenemos una predisposición a un cierto tipo de lectura. Se nos ha enseñado a realizar un proceso de lectura informativo que coloca al lector como el que gobierna el texto. Como lector, aplico ciertas técnicas clave de lectura que me permitan utilizar el texto para el logro de mis propósitos. Al realizar esta clase de lectura, la intención es cubrir tanto material como podamos con la mayor celeridad posible. Nuestro énfasis principal está en señorear, o sea controlar el texto para lograr nuestros propios fines: reunir información, interpretar o aplicar la información, probar nuestro punto de vista con respecto a algo, obtener una herramienta para el ministerio o una ayuda para resolver problemas.

Cuando tenemos una mentalidad dirigida a recopilar información, nos volvemos analíticos en nuestro acercamiento, y a veces hasta críticos o prejuiciosos. Leemos a través de ciertos filtros cognitivos, construidos a partir de pensamientos preconcebidos, sentimientos, prejuicios, sistemas doctrinales, enseñanzas y experiencias de vida que nos han formado. Dentro de esta modalidad resulta extremadamente difícil para nosotros poder escuchar algo nuevo porque de modo inconsciente hemos levantado muchas defensas alrededor.

La mentalidad dirigida a recopilar información resulta muy apropiada y útil para un estudiante inmerso en un medio académico o de aprendizaje. Pero cuando se lo aplica a las Escrituras, este enfoque no se adecua al profundo anhelo que hay en nuestro corazón: el deseo de escuchar una palabra personal e íntima de parte de Dios, que nos introduce más profundamente al amor por el que clama nuestra alma. El estudio de las Escrituras es importante, pero si nos detenemos allí, con el tiempo nos daremos contra una pared, espiritualmente hablando. El reunir información puede llegar a entusiasmarnos y aun resultar útil en ciertos momentos, pero en definitiva nuestra alma sabe que tiene que haber algo más que eso.

LEER PARA RELACIONARNOS

Cuando nos comprometemos con las Escrituras buscando una transformación espiritual, por otro lado, no es solo nuestra mente la que se compromete sino también nuestro corazón, nuestras emociones, nuestro cuerpo, nuestra curiosidad, nuestra imaginación y nuestra voluntad. Nos abrimos a un nivel más profundo de comprensión y percepción con respecto a aquel que está detrás del texto. Y es en ese contexto de intimidad de relación que ocurren los cambios en la vida real.

Se trata de un tipo de compromiso fundamentalmente diferente de aquel que en general acostumbramos tener hacia las cosas que leemos. Cuando nos comprometemos con las Escrituras buscando una transformación espiritual, hacemos del escuchar a Dios nuestra prioridad máxima, en lugar de solo buscar aprender más acerca de Dios cognitivamente. Nuestro acercamiento es impulsado por el anhelo de alguien que ama. Leemos con detenimiento para poder saborear cada palabra y permitir que su significado cale hondo. Más que leer con rapidez para seguir con el siguiente capítulo de modo que podamos completar nuestra lectura o una tarea de estudio que nos han asignado, nos quedamos en el lugar en el que Dios nos habla, para considerar el sentido que eso tiene para nuestra vida y para nuestra relación con él. Lo recibimos como nos es dado, sin juzgarlo, deseando solo escuchar lo que viene del corazón de aquel al que amamos. Al igual que el joven Samuel, nos acercamos a las Escrituras con una completa apertura y disponibilidad hacia Dios: «Habla, Señor, que tu siervo escucha» (1 Samuel 3:9).

Con esta disposición a escuchar, las Escrituras se convierten en un instrumento bajo el control de Dios, en lugar de ser una herramienta que nosotros controlamos para alcanzar nuestros propios fines. Entonces, cuando Dios nos habla a través de las Escrituras, respondemos a lo que leemos con nuestra alma y corazón en lugar de hacerlo simplemente con nuestro intelecto. Cuando nos enamoramos de alguien, deseamos saber todo acerca de esa persona. Nos fascina conocer cada detalle, cada relación y cada suceso que lo ha moldeado. Pero el deseo de intimidad nos lleva más allá de la búsqueda de datos, nos conduce a procurar comprender a esa persona, a conectarnos emocionalmente con ella y a detectar nuestra propia respuesta. Por lo tanto, cuando leemos las Escrituras buscando una relación, prestamos atención a nuestras propias dinámicas interiores y permitimos que nuestra respuesta se dé en los niveles más profundos del ser. Nos abrimos a toda una serie diferente de preguntas, preguntas que nos llevan a arriesgarnos a entrar en un nivel de mayor expresión de la verdad ante nosotros mismos y ante Dios. Además de preguntar: ¿Qué es lo que dice? ¿Qué significa? ¿Cómo lo aplico a mi vida?, preguntas todas que promueven principalmente la actividad cognitiva y nos permiten permanecer con firmeza al control de toda esa experiencia, deberíamos preguntar:

¿Cómo me siento con respecto a lo que se dice aquí? ¿Dónde descubro que produce en mí una resonancia profunda? ¿En qué punto lo resisto, me retiro, o lucho con lo que las Escrituras dicen? (Nota: Resulta importante notar las dinámicas internas *sin emitir juicios sobre ellas*, porque tienen mucho que enseñarnos. Hasta es posible que notemos que encuentran resonancia en nosotros y a la vez resistencia. Por ejemplo, puede ser que percibamos profundamente la verdad de lo que el texto dice pero que en otro nivel nos invada esta sensación: *¡No hay manera en que yo pueda llevarlo a cabo!* Resulta de particular importancia tomar en cuenta esta dinámica, porque muestra un lugar en el que Dios está obrando más allá de nuestro conocimiento).

¿Por qué me siento de este modo? ¿Qué aspecto de mi vida o de mi ser interior está siendo tocado por esta escritura, o qué me dice?

¿Qué revelan mis reacciones con respecto a mí mismo: mis actitudes, mis patrones de relación, mis perspectivas, mis conductas? ¿Estoy dispuesto a considerar esto en la presencia de Dios?

DESPLAZARNOS DE LA MENTE AL CORAZÓN

Permitirnos prestar atención a este nivel puede resultar algo amenazante al principio, dependiendo de lo suspicaces o inaccesibles que nos mostremos ante nuestros sentimientos y otras dinámicas internas. Robert Mulholland señala que en nuestra cultura, en general, no existe prácticamente el peligro de descuidar lo cognitivo, lo racional, las dinámicas analíticas de nuestro ser, porque todo esto...

> «...se ve tan hiper-desarrollado en nuestra cultura y en nuestros patrones normales de aprendizaje que no necesitamos preocuparnos de que se pueda producir un desequilibrio... Sí, debemos amar a Dios con toda nuestra mente... sin embargo, debemos recordar que esta orden de amar a Dios con toda nuestra mente aparece en un lugar posterior en la lista que hace Jesús; el amar a Dios con todo nuestro corazón y toda nuestra alma precede al amar a Dios con toda nuestra mente.»

Algo poderosamente diferente sucede cuando estamos dispuestos a prestar atención a nuestras dinámicas internas en lugar de solo leer para informarnos o para cumplir con la lectura determinada para ese día. Digamos que yo he elegido un programa de lectura que me requiere leer entre tres y cinco capítulos diarios para poder completar la lectura de la Biblia en un año. Al seguir ese programa me encuentro con el pasaje de Lucas 6 en el que Jesús habla acerca de amar a los enemigos como una señal de verdadero cristianismo. Se trata de un concepto muy básico que la mayoría de nosotros hemos aprendido en nuestras tempranas épocas de escuela dominical, así que leerlo me parece una mera rutina. Como intento llegar al número de capítulos asignados para ese día, lo más probable es que mantenga la marcha a través de este pasaje para poder tildarlo en la lista como leído.

Si, en cambio, lo que busco es comprometerme con las Escrituras para lograr una transformación espiritual, puedo separar un tiempo para leer un pasaje más corto (entre seis y ocho versículos, quizá), al que me siento guiada. Disfruto de esas palabras y me pregunto qué habrá en el corazón de Dios para mí en este día. No tengo más agenda que escuchar y profundizar mi intimidad con Dios, así que puedo tomarme el tiempo de descubrir que al leer Lucas 6:27 y los versículos que siguen percibo cierta resistencia en mí. Tal vez sea muy sutil al principio, pero entonces me detengo y me tomo un tiempo para prestarle atención a ese sentimiento y preguntarme por qué está allí. ¡Y descubro que se trata de algo más que una vaga sensación de incomodidad! Hay un puño que se levanta desde lo más hondo e instintivo, y digo: *¡No pienso así!* Y esto me toma completamente desprevenida, porque me sentía muy espiritual cuando comencé a hacer mi lectura bíblica del día.

Pero en lugar de juzgarme a mí misma (lo que soy propensa a hacer), me pregunto qué aspecto de mí o de mi vida está tocando este versículo. Al quedarme sentada junto a esa resistencia mía, me doy cuenta de que debajo de toda mi apariencia de piedad hay una parte de mi ser que no se muestra para nada amorosa hoy. Es más, abrigo un verdadero enojo contra alguien que me ha herido. Pensé que había logrado calmarlo, pero hoy, en respuesta a este versículo, descubro que mi ira todavía goza de plena salud. Con los ojos de mi mente veo al que cometió la falta, y recuerdo con exactitud los detalles, así como la injusticia de todo lo que sucedió, y vuelvo a experimentar ira. No sorprende entonces que haya algo en mí que se levante para pelear o resistir. Si esa es la persona a la que debo amar, entonces *¡no estoy de acuerdo!* Ahora bien, si lo deseo, puedo reflexionar más profundamente en lo que mis reacciones muestran acerca de mí. ¿Cómo manejo esta cuestión de amar en mi vida en realidad? ¿A qué aspecto en el que no soy semejante a Cristo apunta la toma de conciencia de este día? ¿Me estoy transformando en una persona capaz de amar aun en las situaciones más difíciles, o guardo en mi interior espacios de amargura en los que mi espíritu se muestra cerrado? ¿Qué me dice esto con respecto a mi condición espiritual? ¿Estoy dispuesta a considerar todo eso en la presencia de Dios?

¡Ahora estamos llegando al punto! ¡Ahora Dios y yo podemos mantener una conversación que tenga algo de sustancia! Ese es el nivel en el que la intimidad se desarrolla de una forma que tiene el potencial de cambiarme en los aspectos más profundos de mi ser.

Me recuerda la manera en que los padres del desierto leían las Escrituras. Para ellos, el contacto con las Escrituras era «el contacto con el fuego que quema, perturba, y nos llama con violencia a la conversión». Se cuenta una historia acerca de uno que se acercó a Abba Pambo, para pedirle que le enseñara un salmo. Pambo comenzó a enseñarle el Salmo 39, pero apenas acababa de recitar el primer versículo: «Me abstendré de pecar con la lengua, me pondré una mordaza en la boca», cuando el hermano expresó que no deseaba escuchar más. Le dijo a Pambo: «Con este versículo me alcanza. Por favor, Dios, dame la fortaleza para aprenderlo y ponerlo en práctica». Diecinueve años después él aún lo estaba intentando.

ENCONTRAR A DIOS EN LAS ESCRITURAS

En este preciso momento podemos estar experimentando una de varias emociones. Tal vez seamos conscientes de un anhelo de experimentar las Escrituras de la manera que acabamos de describir. Y aunque nuestro corazón late fuerte al pensar que podemos llegar a encontrarnos con Dios en las Escrituras, sabemos sin embargo que necesitaremos mucho más que algunas nuevas preguntas para satisfacer ese anhelo. Quizá seamos cautamente optimistas con respecto a descubrir una manera de acercarnos a las Escrituras que resulte más portadora de vida; y sin embargo, también comienza a despertar en nosotros la conciencia de lo profundamente arraigados que están en nosotros esos patrones de recopilación de datos, y nos preguntamos si nos será posible cambiarlos. No sabemos si esperanzarnos o entregarnos a la desesperación.

Todo eso es real. Necesitamos una forma de acercarnos a las Escrituras que nos trasladen de manera *muy* concreta de la extrema confianza que tenemos en la recolección de datos a la búsqueda de experimentar las Escrituras como un lugar de encuentro íntimo. Precisamos más que un método o una técnica que implique el hacernos un conjunto nuevo de preguntas. Precisamos una manera diferente de colocarnos ante las Escrituras que le permita a Dios comenzar con nosotros (que trascienda los medios por los que procuramos controlar esas cosas) y también crear un espacio para que poder responder plenamente (que trascienda la manera hermética en que solemos contenernos). La *lectio divina* nos lo proporciona.

La *lectio divina* (traducida por «lectura divina [o sagrada]») constituye un acercamiento a las Escrituras que nos lleva a escuchar la palabra de Dios que se nos dice en el momento presente. La *lectio divina* es una práctica de lectura divina que se remonta a los primeros padres y madres de la fe cristiana. Basándose en el material que se lee y en el método en sí, la práctica de la lectio divina se arraiga en la creencia de que a través de la presencia del Espíritu Santo, las Escrituras resultan verdaderamente vivas y activas cuando nos comprometemos con ellas para alcanzar una transformación espiritual (Hebreos 4:12).

Cuando nos abrimos y nos disponemos a Dios a través de esta práctica, las Escrituras nos penetran hasta lo más profundo, y nos muestran aquellas cosas en nosotros que somos incapaces de conocer por nosotros mismos debido a las estructuras de defensa que tan bien hemos ido montando. Dentro del contexto de este conocimiento tan radical de nosotros mismos, Dios nos invitará a dar los siguientes pasos con él o nos tocará con su gracia sanadora. Invariablemente nos comunicará su amor por nosotros de manera que las podamos oír y experimentar más allá de un saber meramente cognitivo.

Una de las razones por las que este acercamiento resulta tan poderoso es que la *lectio divina* implica un delicado equilibrio entre el silencio y la palabra. Se trata de una forma muy concreta de ingresar al ritmo de hablar y escuchar requerido por la comunicación íntima. Incorpora varias prácticas espirituales que apoyan y catalizan esa relación portadora de vida que mantenemos con Dios. Permanecer en silencio por unos momentos antes de leer las Escrituras nos ayuda a aquietar nuestro caos interior de modo que nos preparemos para escuchar. Luego de leer las Escrituras, el silencio nos ayuda a mantenernos atentos a Dios cuando él habla y crea el espacio para descubrir nuestras dinámicas internas y explorarlas en la presencia de Dios.

La *lectio* implica una lectura más lenta y reflexiva de las Escrituras, lo que nos ayuda a mostrarnos abiertos a la iniciativa de Dios en lugar de estar sujetos a agendas humanas (la nuestra o la de otros). También favorece al menos dos tipos diferentes de oración que no están sobrecargadas de un esfuerzo humano. Una es la oración de respuesta. Esta es la oración que fluye más naturalmente ante lo que hemos escuchado o percibido como una invitación de Dios. La *lectio divina* nos provee el espacio para que fluya esta clase de respuesta, que es algo muy íntimo. También incorpora la oración de descanso: una oración más allá de las palabras en la que descansamos en el amor de Dios y en su soberanía sobre nuestra vida. Es una forma grandiosa de concluir cualquier experiencia con las Escrituras, y lo menciono otra vez, está inmersa dentro del proceso.

Aunque el estudio bíblico no forma parte del proceso mismo de la *lectio divina*, constituye un suplemento esencial para ella. La *lectio* realmente puede usarse como un poderoso continuador de los métodos de estudio bíblico más tradicionales, porque lleva a la gente de manera muy natural a un proceso de aplicación. (Una excelente fuente de ayuda para experimentar la interacción que se da entre el estudio bíblico y la *lectio divina* es *Contemplative Bible Reading* [Lectura bíblica contemplativa]).

EXPLOREMOS EL PROCESO DE LA *LECTIO DIVINA*

La *lectio divina* se experimenta en cuatro movimientos. Podríamos pensar en ellos como movimientos y no como pasos, porque nos recuerdan a una danza. Cuando aprendemos un nuevo baile, nos sentimos torpes y solo nos preocupamos por lograr realizarlo bien. Nos miramos los pies, e intentamos que hagan lo que se espera de ellos. Nos preguntamos qué tenemos que hacer con las manos. Si bailamos en pareja, podemos llegar a vernos desmañados al principio, mientras procuramos movernos juntos con gracia. Pero finalmente, la cuestión es lograr entrar en la danza, fluir con ella, improvisar y disfrutar con la persona con la que bailamos.

Lo mismo sucede con la *lectio divina*. Cuando comenzamos con ella, nos concentramos en seguir los pasos y lograr que todo esté en orden. Pero con el tiempo, a medida que nos vamos sintiendo más cómodos, estos se convierten en los movimientos de una danza placentera que fluye con belleza desde el alma y el corazón. Los movimientos se vuelven fluidos y se pasa de uno a otro con toda naturalidad. Pero primero necesitamos familiarizarnos con los movimientos básicos.

Para prepararnos para el proceso de la *lectio*, lo primero es elegir un pasaje de las Escrituras que no sobrepase los seis u ocho versículos de extensión. Comenzamos con un tiempo de preparación silenciosa (*silencio*) en el que nos aquietamos en la presencia de Dios y nos ponemos en contacto con nuestro deseo de escuchar a Dios. Eso nos provee la oportunidad de permitir que todo el activismo y el caos de nuestra vida se asienten hasta que se produzca un espacio interior de quietud en el que podamos escuchar a Dios.

Luego leemos el pasaje escogido cuatro veces consecutivas, haciendo una pregunta distinta cada vez que nos invite a entrar en la dinámica de ese movimiento. Cada lectura será seguida por un breve período de silencio.

El primer movimiento es leer (*lectio*). En este movimiento leemos el pasaje una o tal vez dos veces, prestando atención a la palabra o a la frase que más nos llama la atención. De alguna manera esa palabra parece sobresalir del resto, nos causa una reacción visceral o produce una intensa sensación de resonancia o de resistencia. La disposición es amable, reflexiva, y tenemos un sentir de expectativa con respecto a lo que Dios nos hablará. Luego de la lectura habrá un breve período de silencio en el que nos mantendremos concentrados en la palabra, disfrutándola y repitiéndola sin intentar descubrir qué significa o por qué nos fue dada.

> *Cuando nuestra respuesta agota toda su furia, angustia o exuberancia, llegamos al lugar del descanso en Dios. Allí ya no quedan expectativas, demandas, necesidad de saber, ni otro deseo que no sea estar ante la presencia divina, receptivos a lo que Dios desee hacer con nosotros.*
>
> MARJORIE THOMPSON, *SOULFEAST*
> [Fiesta para el alma]

El segundo movimiento es *reflexionar* (*meditatio*). Leemos el pasaje por segunda vez, y en esa ocasión reflexionamos sobre la forma en que nuestra vida ha sido tocada por esta palabra. Podemos preguntarnos: *¿Qué cosa hay en mi vida que necesita oír esta palabra hoy?* O, si el pasaje contiene una historia: *¿Dónde me reconozco dentro de este texto y qué es lo que experimento al permitirme ser parte de esta historia?* De nuevo hacemos un breve período de silencio en el que permanecemos presentes ante Dios con todo lo que hayamos descubierto. En lugar de pensar demasiado acerca del pasaje (y tenemos que tener mucho cuidado con esto), volvamos vez tras vez a la palabra que hemos recibido.

El tercer movimiento es *responder* (*oratio*). ¿Hay alguna invitación o desafío al que debamos responder? ¿Cuál es nuestra respuesta a la invitación de Dios? Esta es nuestra primera respuesta, sin editar, a lo que hemos oído. Es la oración que nos surge más naturalmente en reacción a lo que hemos escuchado a Dios decirnos, y le permitimos fluir con libertad en los momentos de silencio que continúan. Quizá las Escrituras hayan tocado un lugar que nos produce dolor, frustración o rabia, y dejamos salir esos sentimientos en medio de la seguridad que nos proporciona este momento. Quizás haya habido como un chispazo de descubrimiento de nosotros mismos, y hemos recibido convicción sobre algún pecado. En el silencio sentimos remordimientos y hacemos una confesión. Tal vez nos ha desbordado alguna manifestación de amor de parte de Dios y en el silencio permitimos que lágrimas de amor y gratitud fluyan, y nos sumergimos en ese amor de Dios. O quizás hemos oído a Dios llamarnos a algo nuevo, y nuestro corazón exclama: «¡Debes estar bromeando!» Cualquiera sea nuestra respuesta, debemos permitirle expresarse completamente en el silencio.

Una vez que nuestra respuesta ha concluido, leemos el pasaje por última vez, y en ese momento la invitación es *contemplatio*, descansar en Dios. Somos como el niño recién amamantado del Salmo 131 que ha recibido todo lo que necesita de parte de su madre y ahora puede descansar con ella en paz y quietud. Aquí descansamos con Dios y disfrutamos de su presencia, dándonos cuenta de que Dios es el que nos permite responder con fidelidad a cualquier invitación que hayamos recibido de él. Resolvemos llevarnos su palabra, esa palabra, y vivirla (*incarnatio*) en nuestra vida cotidiana. Continuamos escuchándola a través de todo el día, a medida que somos guiados a profundizar en su significado y ella comienza a vivir en nosotros.

EL PODER DE LA *LECTIO DIVINA*

La *lectio divina* es una maravillosa disciplina sobre la que se han escrito muchos libros, y oro que, al presentarla de una manera tan simple, no se tergiverse en su profundidad. La fuerza, por supuesto, está en la implementación.

Aunque la *lectio divina* ha sido desarrollada originalmente como una disciplina privada, mi primera experiencia con ella fue dentro del marco de un pequeño grupo, en una conferencia, con Richard Peace como maestro y facilitador. Richard leyó el pasaje que había elegido desde el frente. Luego de cada movimiento (la lectura y luego el silencio) teníamos que levantarnos e ir alrededor del círculo formado por los pequeños grupos para comunicarle brevemente a cada uno lo que acabábamos de experimentar. La mayoría de nosotros no conocía a los demás, y eso no nos importaba: el propósito del grupo era animarnos unos a otros dentro de esa pequeña comunidad a escuchar a Dios de una manera muy personal a través de las Escrituras.

El pasaje seleccionado por Richard era Mateo 14:22-32, la historia de cuando Pedro fue hacia Jesús caminando sobre el agua. Una historia muy conocida. Era muy poco lo que cualquier orador hubiera podido decir con respecto a ese pasaje que resultara novedoso. Pero cuando Richard leyó el pasaje en voz alta por primera vez, yo me sentí traspasada. Una palabra me sonó mucho más fuerte y clara que el resto: Ven. Sabía que esa era la palabra, porque al oírla sentí resistencia en mis entrañas y resonancia en mi corazón. Fue la experiencia más extraña y apremiante que he tenido con las Escrituras.

En el primer movimiento, escuché claramente la palabra y no pude encontrarle ningún sentido, así que solo me quedé con ella. En el segundo movimiento, comencé a percibir un indicio del área de mi vida en la que Dios quería que me arriesgara a ser más fiel a su llamado. Y en el tercer movimiento, pude escucharme decirle a Dios: «¡Pero he llegado hasta donde he podido! ¡No puedo avanzar más!» Sin embargo, aun mientras protestaba, podía percibir un gran entusiasmo y un deseo, el mismo deseo que había llevado a Pedro a saltar fuera del barco. ¡Anhelaba tanto poder ir hacia Jesús sobre las aguas! Aunque estaba asustada, me estremecía la idea de que tal vez hubiera mucho más por delante para mí. Me sentía muy feliz de que Jesús quisiera que fuera hacia él y que me estuviera invitando.

Constituyó un momento extremadamente íntimo con Dios, un tiempo de lucha pero también de anhelos y de gozo, y de entregarme a él de una nueva manera. Y, por supuesto, muy poco después debí enfrentar un nuevo desafío que requería de valor. Y la palabra de Jesús «ven» fue precisamente la que necesité oír. En ese momento redescubrí que las Escrituras verdaderamente eran muy diferentes de cualquier otro libro que exista en el planeta. Porque son vivas e inspiradas por Dios, y no simplemente en el tiempo en el que fueron escritas, sino ahora, en cada uno de los momentos en que encuentro la manera de abrirme y exponerme a su poder.

PRÁCTICA

Elige un pasaje (de entre seis y ocho versículos); puede ser una parte del plan de lectura que estés siguiendo, o un pasaje que selecciones para este día, o una porción tomada de las lecturas del leccionario correspondiente a esta semana. Utilízala para entrar con ella en oración al proceso de la *lectio divina*. A continuación tienes instrucciones detalladas que te ayudarán a aprender los distintos movimientos.

Preparación (*Silencio*): Tómate un momento para instalarte completamente en el presente. Con tus ojos cerrados, lleva tu cuerpo a relajarse, y permítete tomar plena conciencia de la presencia de Dios allí contigo. Expresa tu disposición (o tu voluntad de tener la disposición) a oír a Dios en estos momentos a través de una breve oración como «Ven Señor Jesús», o «Aquí estoy», o «Habla, Señor, que tu siervo oye».

Leer (*Lectio*): *Presta atención para descubrir la palabra o la frase dirigida a ti.* Vuelve al pasaje y comienza a leer lentamente, haciendo pausas entre las frases y las oraciones. Puedes leer en silencio, y tal vez encuentres útil leer el pasaje en voz alta, permitiendo que las palabras tengan un eco y una resonancia, que desciendan y se instalen en tu corazón. A medida que leas, busca escuchar una palabra o frase que te golpee o que capte tu atención. Permítete un momento de silencio, repitiendo esa palabra o frase suavemente para ti mismo, meditando en ella y disfrutándola como uno lo hace con las palabras de un ser amado. Esa es la palabra dirigida a ti. Conténtate con escucharla simplemente, con apertura, sin juzgarla ni analizarla.

Reflexionar (*Meditatio*): *¿De qué manera toca mi vida esta palabra?* Una vez que hayas oído la palabra dirigida a ti, lee el pasaje de nuevo, y presta atención para descubrir la manera en que este pasaje se conecta con tu vida. Pregúntate: *¿Qué área de mi vida necesita escuchar esta palabra en este momento?* Permítete un momento más prolongado de silencio a continuación de la lectura, y analiza tus pensamientos, percepciones e impresiones sensoriales. Si el pasaje fuera una historia, quizá podrías preguntarte: *¿Dónde aparezco yo dentro de esta escena? ¿Qué es lo que escucho mientras me imagino a mí mismo formando parte de la historia, o siento estas palabras como dirigidas específicamente a mí? ¿De qué modo la dinámica de esta historia se conecta con mi experiencia de vida?*

Responder (*Oratio*): *¿Cuál es mi respuesta a Dios basada en lo que he leído o aquello con lo que me he enfrentado?* Lee el pasaje una vez más, prestando atención a tu respuesta más profunda y verdadera. En silencio, luego de la lectura, permite que tu oración fluya espontáneamente desde tu corazón, tan plena y verdadera como puedas. En este punto estás entrando en un diálogo personal con Dios, «compartiendo con Dios los sentimientos que el texto ha despertado... sentimientos como amor, gozo, pesar, ira, arrepentimiento, deseo, necesidad, convicción, consagración. Permite que tu corazón fluya con libertad y con completa sinceridad, en especial si el texto ha sondeado aspectos de tu ser y hacer en medio de distintas cuestiones y relaciones». Presta atención a cualquier percepción de que Dios te invita a actuar o a responder de alguna manera a la palabra que has oído. A esta altura, puede resultarte útil escribir tus oraciones en tu diario.

Descansar (*Contemplatio*): Descansa en la palabra de Dios. En esta última lectura se te invita a liberarte y a volver a un lugar de descanso en Dios. Has dado plena expresión a tu respuesta, así que ahora puedes avanzar hacia un período de espera y descanso en la presencia de Dios, como el niño recién amamantado que se recuesta sobre su madre (Salmo 131:2). Esta es una postura de total rendición y entrega al gran amante de tu alma.

Resolver (*Incarnatio*): Encarna (*vive*) la palabra de Dios. Al emerger de este lugar de encuentro personal con Dios y entrar en la vida en compañía de otros, resuélvete a llevar esta palabra en ti para vivirla dentro del contexto de la vida y de la actividad cotidiana. Al continuar escuchando esta palabra a través del día, te sentirás guiado a una comprensión cada vez más profunda de su sentido, hasta que esta palabra comience a vivir en ti y tú la *encarnes* en medio del mundo en el que vives. Como una forma de remarcar tu intención de vivir la palabra que has recibido, puede ser que desees elegir una imagen, un cuadro o un símbolo para llevar contigo que te recuerde acerca de ello.

4

LA ORACIÓN

Profundizar nuestra intimidad con Dios

La oración es como el amor. Al principio damos rienda suelta a las palabras. Luego nos volvemos más silenciosos y podemos comunicarnos con monosílabos. Cuando estamos en dificultades, con un gesto basta, y a veces ni siquiera eso: alcanza con el amor. Luego llega el tiempo en el que las palabras se vuelven superfluas... El alma conversa con Dios con solo una mirada de amor, aunque esta a menudo pueda ir acompañada de sequedad y sufrimiento.

CARLO CARRETTO

La primavera por fin ha llegado a Chicago, y hoy, en medio de mi tarea de redacción, he sentido ansias de belleza y color. Y entonces, aunque es un poco temprano para la estación, he colocado plantas con flores. Pensamientos, para ser más exacta. De un púrpura profundo. Y de un brillante amarillo. Los colores de Pascua, me recordó una amiga. Gracias a Dios.

Al sacar esas matas desbordantes de color de las celdillas plásticas en las que habían sido cultivadas para la venta, noté un fenómeno que nos resulta familiar: esos pequeños contenedores plásticos están llenos de raíces. Hay muy poco, casi nada, de tierra dentro del plástico, y algunas de las raíces cuelgan de los agujeros hechos para que reciban agua, en una desesperada búsqueda de humedad y nutrientes. Liberé las flores con cuidado del apretujamiento de sus ajustadas celdillas, procurando hacerlo con suavidad para no mutilarlas o rasgar sus raíces. Parte del placer de esta labor es colocarlas en un espacio más amplio, donde encuentran tierra fresca y lugar para que el sistema de raíces se extienda, sabiendo que esa amplitud producirá multitud de flores a través de la temporada. Imagino que los pensamientos han experimentado un alivio al verse liberados de tan estrecho y apretado espacio, y a mí me encanta.

Lo mismo sucede con el alma humana. Al igual que una planta que ha sido circunscripta a una pequeña vasija, cuyas raíces buscan desesperadamente los nutrientes que por mucho tiempo no ha recibido, llega un punto en el que el alma humana está lista para encontrar una manera más espaciosa de orar, que le proporcione un sitio que favorezca el misterio del crecimiento en su contacto íntimo con Dios, y una profundidad en la que las raíces puedan penetrar. Las formas de oración preferidas que nos fueron enseñadas dentro del contexto de nuestra formación religiosa, o en las épocas de nuestros primeros días como cristianos, ya no pueden contener nuestra experiencia de Dios ni llevarnos más adelante en nuestra búsqueda de intimidad con él. Anhelamos algo más.

NUEVO COMIENZO

Si hay algo que sé con seguridad en cuanto a la oración en estos días es que no sabemos orar. Solo los nuevos en Cristo piensan que saben orar; el resto de nosotros tenemos conciencia de que somos apenas principiantes. Así que intentemos comenzar juntos, que es todo lo que podemos hacer.

Expresado simplemente, la oración es *cualquiera de las maneras en las que nos comunicamos con Dios y tenemos comunión con él*. El propósito fundamental de la oración es profundizar nuestra intimidad con Dios. Desde los comienzos de nuestra vida espiritual experimentamos esa intimidad, principalmente a través de las palabras que le decimos a Dios, y encontramos profunda satisfacción en ella.

Para comenzar, las palabras nos brotan... En general, un alma habla mucho en el momento de su conversión, o sea durante el período de su noviciado, por decirlo así, en los primeros años de su descubrimiento de Dios. Este es el tiempo que le resulta más fácil al alma. La oración incluye un cierto grado de novedad; cautiva la imaginación. Y Dios, por su parte, alienta al alma; todo fluye como en los comienzos de un matrimonio feliz.

En la siguiente etapa, necesitamos saber lo que otros han dicho con respecto a Dios, así que estudiamos mucho y reflexionamos profundamente sobre las verdades teológicas. Es un momento de gran gozo, muy gratificante, en el que percibimos con claridad muchas cosas con respecto a Dios, y respondemos a él a través del servicio gozoso. Es bueno poder recibir y disfrutar de estos dones mientras están disponibles para nosotros.

Pero con el tiempo llega un momento en el que la oración ya no funciona como antes. Nuestras consideraciones intelectuales acerca del misterio de Dios y nuestra respuesta expresada en palabras ya no nos parecen satisfactorias. Durante un tiempo puede ser que intentemos trabajar más arduamente en la oración del modo en que siempre lo hemos hecho, o tal vez tratemos de encontrar un método mejor, pero a pesar de todo el esfuerzo que invirtamos en ello, o de lo fieles que seamos, no sucede nada. Aunque con seguridad hemos experimentado tiempos de sequedad antes, sin embargo siempre parecieron pasar, y las experiencias de intimidad con Dios regresaron. Pero ahora es diferente. Esta vez parecemos no tener control sobre lo que sucede (o no sucede) en nuestra vida con Dios.

Esto resulta muy traumático para las almas sensibles y puede llevarnos a entrar en un espiral de dudas con respecto a nuestra espiritualidad, y a preguntarnos si no será que hemos perdido por completo el rumbo. Con el paso del tiempo, hasta puede ser que nos enojemos con Dios por no darse a conocer a nosotros en maneras que resulten tan «accesibles al conocimiento» como lo fueron antes, en especial cuando nos esforzamos tanto por ser fieles. Se nos instalan la confusión y los interrogantes con respecto a cómo conectarnos con Dios, y el vacío nos parece algo demasiado difícil de soportar. Nos preguntamos si de alguna manera nos hemos salido del sendero de la espiritualidad. *¡La vida espiritual tiene que ser mucho más que esto!*, clama nuestra alma profundamente desilusionada. La habilidad para orar nos es esquiva, y por primera vez *descubrimos* (realmente descubrimos) que no sabemos orar como deberíamos.

UNA INVITACIÓN MÁS PROFUNDA

La experiencia de que nuestras oraciones se hayan enfriado, angustiante como pueda parecernos, sin embargo marca una transición significativa en cuanto a la vida de oración y por lo tanto en cuanto a nuestra relación con Dios. Apunta hacia la invitación a alcanzar niveles más profundos de intimidad, que nos lleven más allá de la *comunicación*, que principalmente tiene que ver con palabras y conceptos, hacia la *comunión*, que básicamente está más allá de las palabras. Si encontramos allí palabras, estas se reducen a las expresiones más simples y viscerales.

Según la tradición cristiana, hay varias señales que nos indican que estamos en transición hacia una nueva fase de la vida de oración:

Lo que hacemos en este sentido no funciona a pesar de todo el esfuerzo que invertimos en ello. Nos descubrimos preguntándonos: *¿Esto es todo lo que hay?*

Nuestro deseo de Dios continúa siendo fuerte, aunque no sentimos deseos de ninguna de las cosas externas: palabras, imágenes, estructuras previas de oración, e incluso las Escrituras. Aun cuando estas cosas estén todavía presentes en alguna medida, no nos atraen para nada. Las palabras se acallan. El hambre de intimidad, de simplemente estar con Dios, es todo lo que queda.

Descubrimos que disfrutamos de estar solos, conscientes de la presencia de Dios, sin una actividad estructurada. En lo más profundo de nuestro ser sabemos que solo Dios puede satisfacer los anhelos del corazón humano, y la importancia de las otras cosas se desvanece. No encontramos atractivo alguno en pensar, meditar o en cualquiera de las otras actividades o realizaciones humanas. Esta última condición es muy importante, porque justifica a las otras dos e indica una disposición a dejar atrás las palabras y quedarnos a solas con Dios en un acto de amor.

Este espacio de transición en la vida de oración puede resultar atemorizante, porque requiere que soltemos todo lo que hemos conocido para abrirnos a algo nuevo. Podemos llegar a sentirnos como arrancados o desgarrados de la seguridad y familiaridad de los espacios conocidos y como si nos quedaran las raíces flotando en el aire. En tanto que los antiguos espacios nos contenían cómodos y abrigados, y nos sentíamos seguros en ellos, ahora estamos en el proceso de ser transplantados a un espacio de menor protección y también menos estructurado. Nos sentimos vulnerables e inseguros, como un tierno arbolito expuesto al viento y a los elementos.

LA ORACIÓN COMO INTIMIDAD

La profundidad de esta invitación resulta desestabilizadora también por otra razón. Requiere que nos dejemos llevar *hacia* la caída libre a la que llamamos intimidad, entregándonos de una manera completa, abierta y vulnerable a otros. Y la verdad es que la mayoría de nosotros presentamos por lo menos una ambivalencia con respecto a la intimidad; clamamos por una intimidad con Dios, pero la resistimos al mismo tiempo. En la mayoría de los casos, la razón por la que preferimos hablar *acerca* de la oración y leer *acerca* de la oración sin dedicarnos realmente a orar se relaciona con nuestra ambivalencia con respecto a la intimidad más que con ninguna otra cosa. ¿Por qué se produce en nosotros esta ambivalencia? Instintivamente reconocemos que la intimidad requiere algo de parte de nosotros. Una de las metáforas más coherentes de las Escrituras para referirse a la relación entre Dios y nosotros es la de un amante con el que tenemos intimidad, y hasta un amante celoso. A veces el lenguaje de las Escrituras que describe el amor de Dios por nosotros y la forma en la que nos busca es erótica y apasionada. A veces aparece como algo emocional, que nos estruja el estómago. En otras ocasiones se muestra más callada y tierna, o quejumbrosa y rondadora. Y siempre comprometida con la totalidad de lo que somos.

Cuando leemos la historia acerca de Dios en el Antiguo Testamento nos vemos confrontados con un Dios que siempre va tras de nosotros, nos busca y hace exclamaciones de desesperación divina cada vez que nos encuentra... Él nos quiere aquí y ahora, total e incondicionalmente. Mientras continuemos reduciendo la oración a una piedad ocasional, seguiremos alejándonos del misterio del amor celoso de Dios... El considerar la oración como una respuesta generosa a un Dios celoso nos ayuda a explicar por qué tenemos nuestras serias reservas con respecto a la oración... La oración implica permitir que el amor creativo de Dios toque los lugares más escondidos de nuestro ser, y la oración también significa escuchar con un corazón atento e indiviso ese movimiento interno del Espíritu de Jesús en nosotros, aun cuando ese Espíritu nos conduzca a lugares a los que no quisiéramos ir.

La intimidad también requiere que corramos un riesgo, el riesgo de permitirle a alguien que nos vea en nuestra desnudez y vulnerabilidad así como en nuestra fortaleza y hermosura. Aquellas dinámicas que requiere la intimidad sexual, y que acompañan a la desnudez y la vulnerabilidad, son las mismas dinámicas que el alma experimenta cuando avanza más profundamente hacia la intimidad espiritual con Dios. Incluye el exponer cada vez más de nosotros mismos delante de la presencia de Dios y el recibir cada vez más del ser de Dios dentro de nosotros.

Quizá la razón más profunda por la que nos mostramos ambivalentes con respecto a la intimidad de la verdadera oración es que la intimidad siempre nos lleva a un lugar en el que ya no estamos en el control de las cosas. Cuando nos entregamos a otra persona en el acto de amor, ya no estamos al control. Cuando entregamos nuestro corazón y nuestra vida a otro en una amistad comprometida o en matrimonio, sabemos que les estamos concediendo la posibilidad de que nos hagan un gran bien o un grave daño. Aunque elijamos a aquellos con los que tendremos intimidad con toda la sabiduría con la que contamos, sin embargo no tenemos garantías. Nunca podremos controlar plenamente a otro ser humano.

Los patrones de intimidad, o de falta de ella, que usamos para relacionarnos con otros seres humanos son los mismos que introduciremos en nuestra relación con Dios, sea que tengamos conciencia de ello o no. Según hayan sido nuestras experiencias previas de intimidad, el renunciar a ejercer un control puede resultarnos difícil y hasta imposible. Si tenemos una gran necesidad de ejercer el control dentro de nuestras relaciones humanas (y muchos de nosotros la tenemos) la intimidad con Dios nos implicará un gran desafío. Si sentimos temor a la intimidad, o si nos mostramos reticentes en cuanto a las relaciones humanas, ese será también el patrón que utilizaremos con Dios.

La oración le da forma a nuestra búsqueda de niveles más profundos de intimidad con Dios, y nos proporciona una senda para avanzar más allá de nuestra ambivalencia.

LA ORACIÓN QUE VA MÁS ALLÁ DE LAS PALABRAS

Si soltamos lo que no funciona, podemos comenzar a reconocer que las oraciones pronunciadas no logran captar la profundidad de nuestros anhelos de Dios, el vacío que sentimos ante la ausencia de las consolaciones naturales para el alma, la oscuridad que implica el no saber o no conocer. El esfuerzo por lograr capturar estas profundidades en palabras resulta muy dificultoso, si no imposible, y se percibe como una violación de algo profundamente íntimo. Casi tememos que la experiencia se disipe si procuramos imponerle el formato de las palabras. A esta altura, la oración tiene mucho menos que ver con técnicas y mucho más con esa intimidad que va más allá de las palabras y que se halla en proceso de desarrollo en nuestra relación con Dios.

Hay muchos términos que procuran capturar esta dinámica: *oración silenciosa, oración centrante, oración contemplativa, oración interior, oración del corazón*. Cada uno de ellos tiene un matiz levemente diferente, pero todos constituyen un intento por capturar lo mismo: ese avance que se produce más allá de las palabras para alcanzar una intimidad que no requiere de palabras. Esta es la clase de intimidad que los amantes conocen cuando se entregan al acto de hacer el amor; es la clase de intimidad que una madre experimenta cuando amamanta a su bebé; la misma clase de intimidad que tienen los amigos cercanos cuando ya se han dicho todo lo que había por decir y se quedan en un silencio confortable, contentos simplemente por estar el uno en presencia del otro. Si hemos tenido la dicha de pasar por estas experiencias, entonces sabemos que son mucho más íntimas que las charlas ruidosas que suelen llenar el espacio de la interacción social. Esta manera silenciosa de «estar con» es plenamente satisfactoria.

La razón por la que esta clase de oración resulta tan satisfactoria tiene que ver con conocer a Dios de una forma experimental y no con solo saber mucho acerca de Dios. La palabra griega *epignōscō* implica un conocimiento íntimo que se relaciona con toda la persona, y que no atañe meramente a la mente. Esta clase de conocimiento une perfectamente al sujeto con el objeto, y se puede lograr solo entrando en una relación de amor. El apóstol Juan recostado sobre el pecho de Jesús durante la última cena constituye una ilustración conmovedora de esta clase de amor e intimidad. Aun medida por los estándares actuales, la intimidad descripta aquí entre Juan y Jesús resulta impactante e imponente: estamos frente a dos personas que se sienten tan cómodas la una con la otra que tienen una comunión más allá de las palabras. Uno tiene la impresión de que esa intimidad resultaba tan satisfactoria para Juan que él se mostraba casi desinteresado en la conversación articulada en palabras que se desarrollaba en torno a ellos.

El Antiguo Testamento también se refiere repetidamente a una clase de conocimiento que se produce en la ausencia de palabras o en la quietud de la espera. *Guarda silencio ante el Señor, y espera en él con paciencia. Quédense quietos, reconozcan que yo soy Dios. Espero al Señor, lo espero con toda el alma.*

Es esta una oración de vaciamiento interior que nos permite recibir lo que Dios quiere darnos. Vamos a él con nuestras manos y nuestro corazón vacíos, sin una agenda previa. La mitad de las veces, ni siquiera sabemos qué es lo que necesitamos; nos acercamos a él simplemente con un sentir de nuestra propia pobreza espiritual. «Dichosos los pobres en espíritu, porque el reino de los cielos les pertenece» (Mateo 5:3). El vaciamiento constituye el requisito previo para recibir.

Se cuenta la historia de un profesor erudito que fue a visitar a un viejo monje, famoso por su sabiduría. El monje le dio una bienvenida amable a su templo y lo invitó a sentarse sobre un almohadón. Apenas se sentó, el profesor se embarcó en una reseña larga y verborrágica referida a todos sus logros, su propio conocimiento, sus propias teorías y opiniones. El monje lo

escuchó en silencio por un tiempo, y luego preguntó amablemente: «¿Gustaría un poco de té?»
El profesor movió la cabeza afirmativamente, sonrió y continuó hablando. El monje le extendió una taza y comenzó a verter té de una gran tetera. El té llegó al borde de la taza, pero el monje continuó vertiendo más, mientras el profesor seguía hablando. Finalmente el profesor se dio cuenta de lo que sucedía, se puso de pie de un salto y demandó: «¿Qué es lo que hace? ¿No ve que la taza está desbordando?»
A lo que el monje replicó: «Esta taza es como su mente. No puede recibir nada nuevo porque ya está llena».

¿Cómo es posible que esperemos que alguien reciba verdadera nutrición, alivio y consuelo a partir de una vida de oración que sobrecarga la mente más allá de los límites y le agrega una actividad agotadora más a las muchas ya programadas?

HENRI J. M. NOUWEN,
THE WAY OF THE HEART [El camino del corazón]

En algún momento, cuando detenemos el fluir de nuestras propias palabras, recibimos un nuevo don, de una forma quieta e imperceptible al comienzo: el de encontrar que podemos descansar en oración. Más que esforzarnos por poner todo lo que queremos en palabras, descansamos del ruido y los estímulos tan característicos de la vida de nuestra cultura. Le damos un descanso a nuestra esforzada mente, tan llena de actividad, liberándola de tener que poner todo en palabras. Descansamos de tratar de captar, asir y procurar descubrir y entender todas las cosas. El alma regresa a su estado más natural en Dios. *Al regresar y descansar somos salvados.*

LA INTIMIDAD DE LA RESPIRACIÓN

En la quietud realizamos aun otro descubrimiento: el que realmente sabe cómo orar es el Espíritu Santo. Descubrimos que la oración es más genuina cuando ha ido más allá de las palabras a la esfera en la que el Espíritu Santo gime por nosotros con expresiones demasiado profundas como para que se puedan poner en palabras (ver Romanos 8:26-27). El silencio se convierte en un momento en el que escuchamos la oración que el Espíritu Santo hace muy profundamente dentro de nosotros, mientras se desplaza entre las profundidades de nuestra experiencia humana y la voluntad divina, intercediendo por nosotros más allá de las palabras.

Las palabras, cuando finalmente se abren paso desde esas profundidades hacia la superficie, llevan en sí mismas un nuevo poder y significado, porque han sido forjadas en la caldera de nuestros anhelos más profundos de Dios.

Durante este período, brota la oración conocida como letanía, o sea la repetición de expresiones idénticas, pobre en palabras pero muy rica en contenido... Jesús te amo... Señor, ten misericordia de mí... Eres mi Dios y mi todo. Y resulta extraño descubrir que en esta jaculatoria, monótona y simple, el alma reposa, casi acunada en los brazos de Dios.

Otro nombre que se le da a esta manera de orar es *la oración de la respiración*. En ocasiones, esta es la única oración que nos resulta. Esta oración no brota principalmente de la mente, de donde procede la mayoría de nuestras palabras; la oración de la respiración surge de las profundidades de nuestro deseo y necesidad. En realidad, debería llamársela más acertadamente «oración de las entrañas», porque surge precisamente de ese profundo nivel de nuestro interior. Esta oración resulta tan simple que no requiere de nosotros ningún esfuerzo para recordarla una vez que descubrimos que puede ser nuestra. Es tan corta (generalmente se circunscribe a una frase de entre seis y ocho sílabas) que podemos realizar al ritmo de nuestra respiración, al inhalar y exhalar.

La oración de la respiración es poderosa porque constituye una expresión de los anhelos más profundos de nuestro corazón acoplados al nombre de Dios, que nos resulta más significativo e íntimo en estos tiempos. Generalmente la oración de la respiración permanece en nosotros por un buen tiempo, y llega el momento en que se realiza sola, aun sin que pensemos en ella. La oración de la respiración no reemplaza a otras maneras de orar; más bien se convierte en algo fundamental en lo que hace a toda nuestra vida de oración, la apoya y nos hace accesible el orar sin cesar. La oración de la respiración nos ayuda a orar cuando no sabemos qué orar. Nos proporciona una manera de orar cuando no podamos hacerlo de un modo formal. Podemos usarla para introducirnos a tiempos de oración contemplativa, y cuando nuestra mente divaga, podemos traerla de regreso de sus distracciones simplemente con repetir nuestra oración de la respiración.

No hay nada de mágico o de místico con respecto a esta oración. No es lo mismo que el mantra de las prácticas de meditación orientales, ni tampoco las «vanas repeticiones» contra las que Jesús nos advirtió (Mateo 6:7). Esta oración más bien surge de la profundidad de nuestro ser como una respuesta personal al Dios que está obrando dentro de nosotros. La oración de la respiración es a la vida espiritual lo que el oxígeno y el sistema respiratorio a la vida del cuerpo: una manera en que podemos respirar rítmica y reflexivamente junto con el Espíritu, o sea, la misma respiración de Dios.

Cuando oramos, no intentemos expresarnos con palabras muy adornadas, porque a menudo la repetición de frases simples como las de un niño pequeño es lo que nuestro Padre celestial encuentra más irresistible. No busquemos la verbosidad porque de lo contrario nuestra mente se distraerá en la búsqueda de palabras. Las palabras aisladas, por su misma naturaleza, tienden a lograr la concentración de la mente. Cuando encontramos satisfacción en cierta palabra de nuestra oración, detengámonos en ese punto.

JOHN CLIMACUS

DESCUBRIR NUESTRA ORACIÓN DE LA RESPIRACIÓN

No descubrimos el camino hacia nuestra oración de la respiración por pensar en él; lo descubrimos escuchando nuestros más profundos anhelos y deseos en la presencia de Dios. A veces nuestra oración de la respiración tendrá la forma de una simple frase que expresa lo más genuino que podemos decirle a Dios en ese momento. En otras ocasiones puede tratarse de una palabra o frase de una oración tomada de la Biblia o una oración de las que hacemos en la iglesia.

Cuando comencé a entrar en la oración silenciosa, todo me resultaba tan nuevo, que la frase «Aquí estoy, Señor» constituía la manera más simple y verdadera de expresar mi deseo de estar con Dios. Estas palabras captaban la realidad del anhelo de mi alma en ese momento. Más recientemente lo fue la oración que ya mencioné, aquella que me vino durante una época en la que era consciente (¡otra vez!) de mi necesidad de un nivel más profundo de transformación: «Señor Jesucristo, ten misericordia de mí, una pecadora». La Oración de Jesús (como algunos la llaman) une dos cosas: aquello que sé que necesito más que nada en estos días (misericordia) con el poderoso nombre de Jesucristo. Esta ha sido mi oración de respiración durante varios años hasta aquí; es la que se eleva por sí sola con mayor naturalidad en mí y me conecta con algo tan profundo adentro que sinceramente no sabría de qué otro modo acceder a ese lugar para llevarlo a la presencia de Dios.

Cuanto más hago esta oración conscientemente, conectándola con mi respiración, más comienza a elevarse por sí sola en mí antes de que me dé cuenta de que lo estoy haciendo. En momentos de fatiga o temor, en aquellas ocasiones en las que la tristeza amenaza con desbordarme, o en aquellas otras en que la conciencia de mi pecado presiona sobre mí, esta oración me encuentra, en lugar de tener que buscar yo una manera en la que orar. Me conecta con una realidad espiritual más profunda que aquello que sucede alrededor de mí, y me evita ser arrastrada por mis emociones o mis circunstancias. Es más, me conecta con aquellos que han estado en la búsqueda a través de todas las edades, y me lleva hacia atrás hasta el ciego Bartimeo, que clamaba a Dios desde el lugar más profundo de su ser.

La oración es la oración del mendigo y lleva en sí la intimidad de poder preguntarnos sobre lo que necesitamos. Interrogarnos acerca de lo que realmente necesitamos es difícil, pero las Escrituras nos alientan a hacer conocidas nuestras peticiones delante de Dios. En ocasiones, solo la desesperación nos lleva a estar dispuestos a volvernos así de vulnerables. El hacer la oración de Jesús me recuerda que no estoy sola en estos clamores que parten desde las entrañas. Me recuerda que es a estos clamores que Jesús responde con compasión y sanidad, y eso me da coraje. Esta es una manera muy distinta de usar las palabras (o de permitir que Dios use las palabras) de la que la mayoría de nosotros acostumbramos utilizar, pero nos conecta con Dios en los lugares más íntimos de nuestras vidas y nos libera de la necesidad de tener que resolver sobre la manera de orar.

ORACIÓN EN COMUNIDAD

Uno de los resultados más naturales de desarrollar una vida de oración personal vigorosa es que comenzamos a descubrir un deseo profundo de poder entrar en una oración con sentido en comunidad con otros. Anhelamos experimentar a Cristo entre nosotros, para ofrecerle nuestra adoración, confesarle nuestros pecados y recibir la seguridad del perdón divino, y para buscar su ayuda en lo que hace a nuestras propias necesidades y a las de los demás.

Hay muchas maneras de orar junto con otros. Lo que me ha resultado más significativo en los últimos años ha sido la oportunidad de orar con otros a intervalos regulares a lo largo del día. En la tradición cristiana esto se conoce como «orar por las horas», o el Oficio Diario. He tenido oportunidad de orar de esta forma con mucha coherencia con las comunidades del Centro para la Transformación; y esto ha anclado y le ha dado forma a nuestras vidas y a nuestro trabajo en conjunto de manera muy profunda. Sea que estemos en un retiro, trabajando juntos o encontrándonos para tener sociabilidad, nuestro compromiso más firme es volver nuestros corazones hacia Dios con regularidad de la manera que resulte apropiada al momento del día en que estemos. Por la mañana comenzamos con alabanza, reafirmando la presencia de Dios y el cuidado amoroso que tiene de nosotros, y encomendándole el trabajo del día. A mitad del día, cuando las tareas y las listas del trabajo por realizar nos presionan y el esfuerzo humano es máximo, nos detenemos a renovar nuestra conciencia de la presencia de Dios, descansar en él durante unos momentos y pedir su paz y su guía con respecto a las cosas que nos preocupan. Al atardecer colocamos nuestras preocupaciones del día en las manos de Dios y ofrecemos intercesión en general tanto por nosotros como por otros, y también presentamos las necesidades específicas que tenemos y que nos sobrecargan cuando las llevamos por nosotros mismos, aunque sean de otros.

Deliberadamente procuramos no usar muchas palabras en nuestras intercesiones, porque nos damos cuenta de que este es otro lugar de la vida espiritual en el que el esfuerzo humano y la intención de enderezar las cosas pueden fácilmente hacerse cargo de la situación. A medida que nuestra propia trayectoria espiritual nos lleva a desarrollar una capacidad mayor de presentarnos ante Dios con aquellas cosas que en nosotros son más genuinas, descansar allí y permitirle que se haga cargo de lo que suceda o no suceda, también podemos estar con otros y sus necesidades en quietud delante de la presencia de Dios.

La oración de intercesión no tiene que ver principalmente con pensar que sabemos lo que otros necesitan y entonces tratar de decirle a Dios cuál debe ser la respuesta. No tiene que ver con luchar con Dios en busca de algún resultado. La oración intercesora se relaciona más con reconocer que no sabemos cómo orar por otros (o por nosotros mismos, si es el caso), pero que el Espíritu Santo sí sabe. Dado que entendemos que el Espíritu Santo ya está intercediendo por nosotros delante del trono de la gracia, podemos presentar un nombre o una necesidad, expresarlos simplemente y en el silencio experimentar nuestros propios gemidos y los del Espíritu Santo por esa persona. Podemos escuchar la oración que ya se está haciendo por esa persona delante del trono de la gracia, y sin esforzarnos por ponerlo todo en palabras, podemos entrar al amor protector de Dios hacia esa persona y esperar junto con ella delante de la presencia del Señor. Esta es una maravillosa manera de soltar nuestras cargas y entregarlas a Dios al finalizar un día de trabajo.

Cuando nuestra comunidad está junta en un retiro, concluimos el día con una oración nocturna, confesando nuestros pecados, celebrando la presencia de Dios entre nosotros durante el día, y pidiéndole que esté con nosotros durante nuestro descanso. Nuestras oraciones están escritas en un formato litúrgico, de modo que no haya nada que tengamos que resolver o armar. Tomamos las Escrituras del leccionario (un programa de lectura que sigue el calendario cristiano) y las leemos sin comentarlas, para darle a Dios la oportunidad de hablarnos directamente a través de su Palabra. Las lecturas del evangelio en particular son de mucha ayuda para poder permanecer conectados con la persona de Cristo como el modelo de nuestra vida y obra.

De esta manera, como comunidad le damos al Espíritu de Cristo acceso a nosotros a lo largo del día. Hemos quedado sorprendidos por la manera en que las oraciones y las Escrituras nos proporcionan perspectiva, seguridad y guía según nuestra necesidad, de una forma no orquestada por ningún planeamiento humano. Muchos de nosotros buscamos orar por las horas cuando estamos solos también, pero hemos descubierto que se suelta un poder especial cuando hay dos o tres (¡o más!) reunidos en la presencia de Cristo y cuando juntos encuentran maneras de abrir sus corazones a él. Ha sido uno de mis anhelos más fervientes, y uno de los gozos más profundos, el orar regularmente con otros que también buscan a Dios. Esta oración en comunidad cambia la vida y vale la pena el costo a pagar para obtenerla.

TODA LA VIDA ES ORACIÓN

Cada vez se me hace más difícil separar la oración como disciplina espiritual de todas las demás. Cuanto más avanzo en la travesía de la vida espiritual, más experimento toda la vida como una oración y las otras disciplinas como distintas maneras de orar. La soledad y el silencio me ayudan a experimentar los elementos más contemplativos de la oración. La *lectio divina* es una forma de orar las Escrituras. El autoexamen es la oración en la que invito a Dios a sondearme y revelar aquellas cosas que necesito saber de mí mismo. El discernimiento es el aspecto de la oración que tiene que ver con escuchar: es el sentarnos ante una pregunta o una decisión en la presencia de Dios y esperar que la sabiduría del Señor nos sea dada como un puro don.

Cualquier acercamiento a la vida espiritual que establezca distinciones falsas o extrañas entre la oración y la vida, o entre la oración y las otras disciplinas, implica separar de modo artificial elementos de la vida que deben ir juntos, o complicar algo que en esencia es bastante simple. Así sucede que toda la vida se convierte en oración. Desde las oraciones más formales y estructuradas a aquellas que se dan informal y espontáneamente; desde la oración expresada en palabras a la oración que va más allá de las palabras; desde las expresiones más íntimas de amor que se transmiten en forma privada a Dios hasta las palabras dichas al unísono por el pueblo del Señor cuando se reúne;

desde las oraciones de la iglesia escritas con elocuencia hasta la oración de la respiración que no es más que un jadeo que expresa necesidad, o un suspiro de amor, o un gemido de anhelo; desde las oraciones pronunciadas en bellas catedrales a las oraciones elevadas en la ladera de una montaña: cada vez que respiramos, ese acto puede convertirse en una oración que une nuestro corazón con el de Dios y utiliza la energía de nuestra vida para sus grandes propósitos.

Que siempre seamos principiantes en la vida de oración, eternamente clamando a él: «Señor, enséñanos a orar».

PRÁCTICA

Son varios los componentes de esta práctica, así que esto puede llevarte un día y hasta una semana. *No te muevas con prisa.* Tómate el tiempo necesario para sentir que tu oración de la respiración realmente capta la necesidad más profunda o el deseo más sentido de tu corazón en este momento.

Comienza pasando un tiempo de quietud en la presencia de Dios, que te permita ubicarte en ese lugar de consuelo e intimidad, receptividad y reposo relajado, que está más allá de las palabras.

Luego, imagínate a Jesús llamándote por tu nombre y preguntándote: «_____, ¿qué es lo que deseas?» Tal vez te ayude volver a tus reflexiones sobre el deseo en el capítulo uno. Permite que tu más sincera respuesta a esta pregunta brote desde tu corazón, y exprésasela a Dios.

Si te ayuda, puedes comenzar por escribir la siguiente frase en tu diario y luego permitir que tu respuesta fluya. «Señor, lo que más deseo de ti en este momento es...»

Trabaja con esas palabras o la frase que te surja hasta que sientas que ha captado tu deseo tan cabalmente como sea posible por el momento. Esa palabra o frase se convertirá en el corazón de tu oración de la respiración.

Elige tu nombre o imagen favorita de Dios al relacionarte con él en este momento, tal como: Dios, Jesús, Padre,

Creador, Espíritu, Pan de vida, Señor, Pastor, o cualquier otra manera de llamarlo que capte de forma más acabada tu sentir acerca de quién es Dios para ti a esta altura de tu relación con él. «El nombre de Dios que para mí tiene más significado es...»

Ahora combina el nombre de Dios que has elegido con la expresión de deseo que hay en tu corazón. Colócalo de la manera en que te resulte más fácil de decir dentro del ritmo de tu respiración.

Si se te ocurren diferentes posibilidades, escríbelas y elimina algunas o combínalas hasta que logres una oración de entre seis y ocho sílabas que fluya naturalmente cuando se las pronuncia en voz alta y que haya captado el corazón de tus más profundos anhelos de plenitud y bienestar en Cristo. Tu oración de la respiración puede ser una frase tomada de una oración bíblica o de un pasaje de las Escrituras. Solo asegúrate de que sea lo bastante corta como para que se pueda orar con facilidad dentro del ritmo de la respiración.

Una vez que hayas elegido tu oración de la respiración, repítela dentro de ciertos espacios de tu día: cuando estás esperando algo, cuando te sientes preocupado y ansioso, cuando necesitas tener un sentir de la presencia de Dios. Con el tiempo aprenderás a orarla por debajo de todo otro pensamiento o palabra que gire en torno de ti cuando interactúes durante el día. En momentos de soledad, haz esta oración como manera de entrar en el silencio y de llevar tu mente de regreso a tu deseo cuando parece divagar. Usa la oración respirada que Dios te ha dado de forma sostenida hasta que sientas que ya no refleja tu necesidad o tu deseo más profundo, o hasta que Dios te dé otra.

5

HONRAR EL CUERPO

Espiritualidad de carne y sangre

La práctica cristiana de honrar el cuerpo nace de la confianza basada en que nuestros cuerpos han sido hechos a la imagen de la bondad propia de Dios. Por ser el lugar en que habita la divina presencia, nuestros cuerpos son dignos de cuidado y bendición... Es a través de nuestros cuerpos que participamos de la actividad de Dios en el mundo

STEPHANIE PAULSELL

Resulta sorprendente que haya sido durante el proceso de permanecer fiel a mi trayectoria espiritual cuando me vi confrontada, por primera vez, con mi profunda ambivalencia en relación con la vida en el cuerpo. A la *avanzada* edad de treinta años, no pude continuar ignorando el hecho de que estaba cansada, aletargada y algo deprimida. Al pensar que mi letargo y falta de entusiasmo por la vida se debían a algún problema psicológico o espiritual, fui a ver a una psicóloga, que también era guía espiritual. Para mi sorpresa, algunas de nuestras conversaciones iniciales tuvieron que ver con mi condición física: mis patrones alimentarios, el tiempo que dormía, el ejercicio que realizaba o no, los líquidos que ingería, y la atención que en general le prestaba a las cuestiones de salud. Aunque a través de los años había intentado prestarle atención a la condición en que se hallaba mi vida espiritual, ninguna otra persona jamás me había señalado la conexión que existía entre mi bienestar físico y mi vida en Cristo.

En ese tiempo yo estaba reflexionando sobre la historia del viaje de Elías hacia la presencia de Dios que aparece en 1 Reyes 19, y me había sacudido descubrir que Dios le prestaba tanta atención a la condición física de Elías que hasta había llegado a enviar un ángel para que lo guiara en cuanto al cuidado de su cuerpo. Me reconfortó descubrir que aunque Elías era un gran profeta, tenía el mismo punto flaco que yo comenzaba a reconocer en mí misma: se había permitido llegar a un punto de agotamiento tal que Dios tuvo que enviar un ángel a fortalecer su cuerpo antes de poder tratar ninguna otra cosa. El ángel lo ayudó a prestar atención a la condición de su cuerpo como vehículo que le permitiera realizar el viaje que tenía por delante. El ángel aun señaló que si no se ocupaba de su cuerpo, la travesía hacia la presencia de Dios sería demasiado para que él la recorriera (1 Reyes 19:7).

Yo también necesitaba enfrentar el hecho de que en lugar de cuidar mi cuerpo como lo haría con cualquier otro regalo valioso, lo había estado usando para mis propios fines, hasta llegar a este punto en el que hacía oír su protesta. No había prestado mayor atención a lo que comía, así que mi dieta contenía demasiada azúcar y comida chatarra. En lugar de descansar lo suficiente, me había vuelto muy dependiente de la cafeína para obtener la energía adicional que precisaba. Nunca le había dado importancia a beber agua en abundancia. Y como madre ocupada que hacía malabarismos para atender las demandas del hogar y la familia, además de la iglesia y la carrera, pensaba que no tenía ni tiempo ni fuerzas para hacer gimnasia o comprometerme con las actividades físicas que me gustaban. Así como el ángel le dio a Elías instrucciones muy concretas con respecto a comer, beber y dormir, yo necesitaba una guía específica en cuanto a cómo cuidar mi cuerpo, como parte de mi práctica espiritual y como preparación para los rigores de la marcha espiritual a la cual estaba siendo invitada.

Hasta ese punto, había estado completamente desconectada de cualquier sentir con respecto a que mi vida en el cuerpo tuviera algo que ver con mi espiritualidad. En un intento por ser «espiritual», de alguna manera había relegado mi vida en el cuerpo a una categoría inferior que requería muy poca atención de mi parte. Mientras las luces de advertencia no se encendieron, pude ignorar esta cuestión en favor de otros emprendimientos «más espirituales» tales como el silencio y la soledad, la reflexión sobre las Escrituras, la oración, el servicio y el negarme a mí misma. La cultura que nos rodea, en la que se idolatra la perfección del cuerpo y se valora a las personas por su apariencia física y sensualidad, me volvieron más renuente a prestar demasiada atención a mi cuerpo. Por mi parte, no quería caer en los excesos de una cultura secular que les concede un valor inmoderado a las características físicas por sobre la belleza y dignidad del alma humana que busca acercarse a Dios.

Ahora me veía confrontada por la realidad de que lo físico y lo espiritual no son opuestos, como yo creía. Comenzaba a tomar conciencia de que no era meramente un alma y un espíritu; soy un ser humano dentro de un cuerpo, y mi cuerpo es templo del Espíritu Santo (1 Corintios 6:19). En tanto que en los tiempos del Antiguo Testamento el Espíritu Santo iba y venía hasta que finalmente encontró el lugar de su habitación en un tabernáculo construido por manos humanas, Dios ha determinado en estos días habitar de forma permanente en los cuerpos de las personas redimidas y en el cuerpo de Cristo cuando este se reúne. Tuve que abordar esta cuestión de una manera práctica basada en la verdad de que por alguna razón inexplicable Dios habita en nuestros cuerpos, convirtiéndolos en un lugar en el que podemos encontrarnos con él y conocerlo. Las Escrituras van más allá, señalando que es posible glorificar a Dios en nuestros cuerpos, en lugar de glorificar el cuerpo, como parece ser el enfoque de la cultura que nos rodea. Mi curiosidad acerca de lo que sería glorificar a Dios en el cuerpo fue creciendo.

¡Y estaba bastante segura de que andar por ahí cansada, con sobrepeso y estimulada por el azúcar y la cafeína no era precisamente la forma!

RECIBIR EL DON DE LA VIDA EN EL CUERPO

Descubrir que Dios ha elegido hacer de nuestros cuerpos el lugar de su habitación abre la puerta a algunas oportunidades significativas en cuanto a aumentar nuestra conciencia con respecto a la presencia de Dios. ¿Y no es acaso esta creciente conciencia de la presencia de Dios con nosotros y por nosotros en todo tiempo, y nuestra capacidad de permanecer en un contacto vital con esa presencia, de lo que se trata nuestra travesía espiritual?

La vida en el cuerpo, después de todo, consiste en una amplia variedad de experiencias, algunas mejores que otras. Al reflexionar sobre la vida en el cuerpo desde la ventajosa posición de estar a mitad de la vida, puedo recordar momentos en que me sentí agradecida por el cuerpo que había recibido, y momentos en los que hubiera deseado con mucha fuerza tener uno diferente. Hubo momentos en los que compartí un toque amoroso y otros en los que el toque no resultó tan amoroso. Hubo tiempos de mantener mi cuerpo para mí misma y tiempos de compartirlo profundamente. Ha habido tiempos de fortaleza y logros físicos, así como también momentos de debilidad corporal y vulnerabilidad. En algunas ocasiones me manejo bien con los límites y los cambios corporales que acompañan cada etapa particular de la vida, y en otras circunstancias los resisto.

Solo recientemente he tomado conciencia de los muchos y buenos dones que recibimos por el hecho de vivir dentro de un cuerpo. Antes de eso, creo que los daba por supuestos. Además, los dualismos arraigados dentro de nuestras tradiciones religiosas han creado una falsa separación entre la esfera espiritual y el mundo material, dejándonos «un legado ambiguo» con respecto al cuerpo. Por el otro lado, el enfoque erróneo y exagerado sobre el tener un cuerpo «perfecto» que se ha instalado en la cultura secular, unido a los niveles perturbadores de irreverencia con respecto a la sexualidad humana, ha hecho que sea más difícil saber cómo relacionarnos con el cuerpo de un modo espiritual.

Estas perspectivas, que en última instancia no resultan útiles sino conflictivas, apuntan a nuestra necesidad de aprender a recibir las bondades del cuerpo como una parte de nuestra vida en Dios que él considera buena. Precisamos un acercamiento más sacramental a la vida, en el que el cuerpo sea comprendido como sagrado porque es el lugar en el que ha elegido habitar el Espíritu de Dios. Dada esta circunstancia, *todos* los aspectos de la vida en el cuerpo tienen el potencial de convertirse en lugares en los que nos encontramos con Dios para conocerlo de una manera única.

Todos los grandes temas de las Escrituras reafirman la importancia del cuerpo como lugar en el que la presencia de Dios puede ser conocida y experimentada. La encarnación en sí misma (la elección de Cristo de asumir nuestra carne y habitar en un cuerpo humano) eleva para siempre la experiencia de la corporalidad a una altura de significación espiritual. Jesús, el ser espiritual supremo, que ha existido por toda la eternidad más allá del mundo material y físico tal como lo conocemos, ha elegido realizar la travesía hacia la carne humana y asumir las limitaciones de espacio y tiempo que nosotros tenemos. El sacramento central de nuestra fe (el ritual y la sustancia alrededor de los que todos los cristianos nos reunimos) es el pan y el vino, que conmemoran la vida y la muerte de Jesús en un cuerpo hecho de carne y sangre. Aún ahora, es a través de estos vasos terrenales que la vida de Cristo continúa haciéndose visible en nuestra vida cotidiana. Llevamos dentro de nuestro cuerpo el tesoro del ministerio que él nos ha dado. Nuestros cuerpos resucitarán en el día final, de modo que podamos transcurrir la eternidad no como espíritus descarnados sino como gloriosos seres corpóreos, alabando en la presencia de Dios.

La disciplina espiritual de honrar y respetar el cuerpo nos ayuda a encontrar el camino entre los excesos de la cultura que glorifica y transforma en objeto al cuerpo, y los excesos de la tradición cristiana que a menudo lo ha denigrado e ignorado. Cuando deliberadamente procuramos encontrar este término medio, nos sorprende la combustión espontánea que se produce cuando ciertos aspectos de nosotros que han sido planeados para integrar nuestra totalidad se encuentran de una manera que nos produce gran alegría y vitalidad.

El apreciar la vida en el cuerpo incluye abrazar nuestra feminidad y nuestra masculinidad, y por lo tanto nuestra sexualidad, como un don de Dios que nos ayuda a revelar su verdadera naturaleza. Ninguno de nosotros existiría en el mundo si no perteneciéramos a un género o al otro, y de hecho, nuestra existencia como hombres o mujeres es una de las formas más completas en las que Dios ha revelado los diversos aspecto de su propio ser. «Y Dios creó al ser humano a su imagen; lo creó a imagen de Dios. Hombre y mujer los creó» (Génesis 1:27). Toda la experiencia humana está conectada de alguna manera, y toda ella encierra la posibilidad de vida abundante, por ser una experiencia de gracia y por la impronta divina que porta. Esto significa que nuestra sexualidad constituye un gran don, porque se trata de un espacio en el que nos encontramos con Dios y llegamos a conocerlo de maneras únicas. El falso dualismo que separa nuestra espiritualidad de nuestra sexualidad nos arrebata la posibilidad de conocer y experimentar a Dios como aquel en el que reside un poderoso anhelo de unión y de unidad. Esa aproximación dualista no solo cercena nuestra posibilidad de conocer a Dios, sino también de conocernos a nosotros mismos, por no abrazar nuestro impulso interior como un bien creado por él y al llevar esta parte esencial de nosotros mismos a relacionarse con Dios.

Al comenzar a despertar plenamente a las dimensiones espiritual, social y sexual que se dan en nosotros delante de la presencia de Dios, descubrimos que están inseparablemente entretejidas y no compartimentadas. Es más, muchas personas que han tenido un despertar espiritual han notado que nuestras sensaciones sexuales se intensifican cuando se restaura nuestra totalidad. Muchos piensan que la sexualidad desaparece, o al menos se aplaca a medida que crecemos espiritualmente. ¡Todo lo contrario! Cuando permanecemos más cerca del Dios que es la fuente de toda creación, el Dios de la encarnación, comenzamos a experimentar la energía sexual de una manera nueva, como una fuerza generadora santa e inalienable.

Aprender a honrar el cuerpo como un lugar en el que Dios hace conocida su presencia, se convierte entonces en una importante disciplina para el peregrino espiritual.

CUIDAR EL CUERPO

Mis primeras incursiones en el terreno de aprender a honrar mi cuerpo tuvieron que ver con simplemente aprender a cuidarlo con mayor conciencia. A través de la historia de Elías descubrí que existe una conexión muy real entre cuidar nuestro cuerpo, la posibilidad de continuar profundizando nuestra relación con Dios, y nuestra capacidad de llevar a cabo los propósitos de Dios para nuestra vida con fidelidad en el largo plazo. Lentamente comencé a cambiar mis patrones de vida: a comer mejor, a beber mayor cantidad de agua, a descansar más en lugar de recurrir a los beneficios a corto plazo de la cafeína, y a abrirme camino de a poco hacia un estilo de vida más activo, en el que incluí cosas como caminar, correr y andar en bicicleta.

Comenzaron a suceder ciertos cambios asombrosos. En primer lugar, empecé a tener mayor energía y a experimentar un verdadero repunte en mi ánimo. Descubrí que uno de los dones que Dios nos da en el cuerpo es que el ejercicio produce la liberación de endorfinas, que apaciguan nuestras emociones, calman el dolor y mejoran nuestro humor. Como realizo mis ejercicios al aire libre, comencé a experimentar esos momentos como un tiempo de alcanzar una conexión significativa con Dios a través de la expansión de la creación, la belleza de la naturaleza y mi gratitud por la oportunidad de disfrutar de la vida dentro de un cuerpo más sano.

Además, algunas de mis prácticas espirituales comenzaron a coincidir de una manera natural con mis disciplinas físicas. Los períodos tanto de correr como de caminar se convirtieron en los momentos en los que volvía mi corazón hacia Dios. Debido a que la noche me resultaba más oportuna para caminar o correr, me encontré usando esos tiempos naturalmente para dedicarme a realizar un examen de conciencia y una toma de conciencia. Mientras mi cuerpo se ocupaba de una actividad física, mi corazón y mi mente estaban libres para reflexionar sobre mi día y para invitar a Dios a ayudarme a descubrir las ocasiones en que el Espíritu obraba para guiarme, protegerme o reconfortarme. De alguna manera la privacidad que me proveía la oscuridad y la expansión del cielo a la noche creaban un marco de quietud y seguridad que le permitía a Dios ayudarme a ver las veces en que no había amado como debía durante ese día, a confesar mi pecado, a aligerarme de las cargas y a mirar hacia el nuevo día con esperanza y una nueva resolución.

Durante años he venido usando un paseo diario en bicicleta hasta un centro de retiros cercano como una manera de conectar el ejercicio físico con los momentos de silencio y oración. Esto implica para mí una práctica tan espiritual como sentarme en casa con la Biblia abierta, porque conecta cada parte de mí con aquel que me creó. Ahora entiendo que la alegría que experimento en esos momentos proviene de la conexión entre lo físico y lo espiritual que forman parte de las bondades que Dios ha colocado en la creación.

Resulta interesante que hasta las investigaciones seculares indican que el ejercicio y la espiritualidad van de la mano. «Se pone en funcionamiento un mecanismo biológico», señala William C. Bushell, científico del Instituto de

Tecnología de Massachusetts, dedicado a la investigación y especializado en medicina y antropología. «Quienquiera que haya sido el creador del cuerpo, tenía esto en mente. En la ciencia fisiológica se percibe con absoluta claridad». El ejercicio produce cambios en un nivel mental y fisiológico, incluyendo el flujo de una especie de opiáceos fabricados por el cuerpo que inducen lo que se llama «la exaltación de los corredores». Esta dinámica fisiológica puede provocar un cambio a nivel de la conciencia, una especie de expansión en la que el corredor se siente más integrado con su entorno y con el Creador mismo.

Las oportunidades que tú tengas de conectar tu actividad física con tus prácticas espirituales pueden ser diferentes de las mías, según las actividades que prefieras y tu capacidad física. El punto aquí es que las disciplinas espirituales no necesitan para nada ser practicadas mientras uno se sienta quieto y callado. Hay muchas maneras creativas de forjar conexiones transmisoras de vida entre nuestra área espiritual y nuestra área corporal; la clave tiene que ver con que lo intentemos y con la atención que le prestemos a la forma en que Dios se nos hace conocido en estos aspectos más básicos de la existencia.

ESCUCHAR AL CUERPO

Nuestros cuerpos tienen mucho que decirnos si solo descubrimos cómo escucharlos. Es más, muy a menudo Dios nos habla a través de nuestro cuerpo. La mayoría de las veces es nuestro cuerpo el primero en descubrir si estamos exagerando en lo referido a nuestros compromisos, si nos encontramos agotados, incómodos o felices, y también nos hace saber cuándo debemos prestarle atención a algo que nos causa dolor o enfermedad.

Elouise Renich Fraser, en su libro *Confessions of a Beginning Theologian* [Confesiones de una teóloga principiante], escribe con respecto al papel significativo que ha tenido el escuchar a su cuerpo dentro de su trayectoria tanto personal como teológica.

Mi cuerpo, al que alguna vez ignoré y menosprecié, se ha convertido en un aliado en la reorientación de mi vida interior y exterior. Y me hace notar las ocasiones en que me alejo, esquivando una invitación de Dios a considerar mi pasado para descubrir la manera en que me condiciona como teóloga. No puedo confiar en mi mente con tanta frecuencia como confío en mi cuerpo. Mi mente a menudo intenta inducirme a ciertas cosas que hago de costumbre, pero mi cuerpo no me engaña. Algún insomnio, dolor intestinal o diarrea me hacen saber que hay algo que necesita ser atendido.

Prestar atención a lo que sucede en nuestro cuerpo puede abrir ventanas a ciertas perspectivas que de otra manera no se nos abrirían. Por ejemplo, la experiencia de consuelo y desolación que analizamos anteriormente, es en muchos sentidos una experiencia corporal. El cuerpo, cuando nos mantenemos perceptivos a él, percibe el flujo de energía que penetra en nosotros o que resulta drenado. Recordemos la manera en que Dios aseguraba al pueblo de Israel que no encontraría en un lugar alejado la habilidad de elegir la vida y seguirlo a él: «¡No! La palabra [de Dios] está muy cerca de ti; la tienes en la boca y en el corazón, para que la obedezcas» (Deuteronomio 30:14). En otras palabras, lo que necesitamos saber para estar bien nos es ya conocido en el cuerpo, simplemente lo que tenemos que hacer es prestarle atención.

Un área de mi vida en la que esto ha resultado cierto es mi trabajo y mi vocación. Al esforzarme por lograr claridad en cuanto a mi llamado, aprendí a prestarle atención al nivel de energía que se manifestaba en mí como respuesta a las distintas actividades. Cuando experimento que una actividad en particular resulta agotadora en demasía, comienzo a considerar con mucho cuidado cuánto de mi esfuerzo quiere Dios que dedique a ella. Por otro lado, si el trato con una determinada persona o la realización de cierta actividad me revitaliza, presto atención para descubrir en qué sentido Dios me guía a incorporar más de eso a mi vida.

El prestar atención a aquellas cosas que le proporcionan a nuestro cuerpo y a nuestro espíritu una sensación de vida, y a aquellas se la quitan, nos ayuda a mantenernos en contacto con la presencia de Dios que nos guía. Cuando respeto mi cuerpo «escuchándolo hablarme» de tensiones, incomodidad, agilidad, gozo o dudas, al preguntarme ¿*Ahora qué es lo que pasa?*, a menudo Dios me lleva a tomar conciencia de la situación a través de una verdad o una perspectiva que me resulta muy útil a largo plazo.

ORAR EN EL CUERPO

En tanto que podemos considerar la oración como una actividad que nos compromete principalmente en el nivel del alma, las Escrituras nos dicen claramente que el cuerpo es el templo del Espíritu Santo, y un templo, después de todo, es un lugar de oración y adoración. La oración, como lo consideramos con anterioridad, tiene que ver principalmente con profundizar nuestra intimidad con Dios. El deseo humano de Dios se experimenta en la carne como un anhelo visceral, como hambre y como sed. «Oh, Dios, tú eres mi Dios; yo te busco intensamente. Mi alma tiene sed de ti; todo mi ser te anhela, cual tierra seca, extenuada y sedienta» (Salmo 63:1).

La intimidad se produce cuando llevamos cada vez más de nosotros ante la presencia de Dios. Orar con el alma y con el cuerpo, al decir de Jane Vennard, significa: «orar con todo lo que somos: nuestro físico, nuestras emociones, nuestras intuiciones, nuestra imaginación, nuestra mente y todas nuestras experiencias. Por lo tanto, cuando oramos con el cuerpo y el alma, o amamos con el cuerpo y el alma, o le pertenecemos a él en cuerpo y alma, estamos creyendo, respondiendo y entregándonos con todo lo que somos».

Cuando oramos, nuestras posturas y la posición corporal que adoptemos pueden constituir un aspecto importante de nuestra comunicación con Dios. El colocarnos un una posición relajada y confortable, en libertad, descansando nuestro cuerpo sobre la silla y respirando profundamente de manera que alivie las tensiones, puede resultar una manera concreta de decirle a Dios que estamos presentándole todo nuestro ser, cuerpo, mente y espíritu. Con nuestro cuerpo podemos expresarle a Dios que confiamos y descansamos en él y que estamos disponibles para lo que desee.

¿Alguna vez durante un culto de adoración notamos que nuestro cuerpo deseaba arrodillarse? ¿En alguna ocasión nos sentimos tan humillados en la presencia de Dios que quisimos tendernos con el rostro sobre el piso? ¿Hemos deseado en algún momento acurrucarnos para ser cobijados y cubiertos por Dios? Cualquiera de estas sensaciones puede indicar que nuestro cuerpo nos quiere transmitir lo mucho que desea o necesita orar, y puede servirnos de guía en esa oración. El arrodillarnos o aun postrarnos en el suelo puede dar expresión física a la postura de nuestro corazón o conducirnos a mostrar una actitud más humilde y dada a la oración delante de Dios. Orar con nuestras manos abiertas puede indicar apertura delante de Dios y nuestra disposición a recibir lo que él quiera darnos. Cuando las palabras resultan inadecuadas para expresar nuestro gozo y nuestra alabanza, oramos con nuestro cuerpo, levantando las manos, moviéndonos, o danzando.

El meditar mientras caminamos es también una poderosa manera de conectarnos con Dios. Existen distintos modos de meditar mientras caminamos, pero la forma más simple es realizar una caminata lenta, con nuestras «sensaciones» despiertas, en la que el propósito específico sea estar con Dios y tener una comunión consciente con él a través de nuestras sensaciones físicas. Recuerdo la primera vez que realicé un paseo por el bosque con el propósito expreso de prestar atención a las manifestaciones de Dios en la naturaleza. La tibieza del sol me pareció como la presencia de Dios que me abrigaba.

Había todo un mundo de insectos, plantas, rocas, árboles, arroyos y animales en una feliz ignorancia de las cosas de mi vida que me parecían muy importantes; y de pronto, muchas de aquellas cosas que me habían parecido tan grandes se achicaron hasta alcanzar un tamaño más apropiado dentro de mi corazón. Me senté sobre el tronco de un árbol que había caído atravesando el arroyo, me puse a orar y me sentí como rejuvenecida por la belleza del lugar y el silencio. Vi cientos de renacuajos nadando en un charco que se había formado en un sendero (¡habiendo tantos otros lugares!) y eso me recordó que la vida puede brotar en cualquier lado, aun en aquellos lugares secos y muy trajinados de mi propia vida. Le presté atención a lo bien que se sentía estar dentro de un cuerpo, subí un monte hasta que el corazón comenzó a latirme con fuerza, transpiré, y me recosté exhausta al regresar, llena de una sensación de inmensidad con respecto a Dios y sin embargo percibiendo su cercanía.

¡Si eso no es orar, entonces qué es!

PRACTICAR LA PLENA TOTALIDAD

Dios nos ha creado para la plenitud, para la totalidad. Cuando aquellos aspectos de nosotros que fueron pensados para existir juntos se vuelven a integrar, el resultado es una explosión de gozo y vitalidad que traspasa la dimensión física. Tiene que ver con una vitalidad espiritual que habla muchísimo sobre la abundancia de nuestra vida en Cristo. Los momentos de actividad física pueden convertirse en oraciones de gratitud y momentos de consagración. El comer alimentos de los que disfrutamos y nos resultan saludables puede constituir una ocasión para experimentar el cuidado de Dios sobre nosotros y recordarnos nuestra dependencia de él y de su fidelidad en cuanto a ocuparse de nuestras necesidades. Si programamos al menos algunas de nuestras comidas a horas en que las podemos comer lentamente, acompañándolas de oración, convertimos el momento de la comida en ocasiones de una verdadera comunión y gratitud. Prestar más atención al momento del baño o de la ducha puede aumentar nuestra conciencia con respecto a la vulnerabilidad humana y también de asombro ante la belleza del cuerpo. Al recibir el toque amoroso de nuestros amigos y de los miembros de nuestra familia, permitimos que Dios nos ministre en esa necesidad tan humana que tenemos de amor y contención significativa. Cuando nos entregamos de todo corazón a la experiencia sexual con nuestro cónyuge, o aprendemos a contener nuestra sexualidad durante el período de nuestra soltería, le decimos un sí desde lo más profundo al llamado de Dios a vivir en este mundo como seres humanos creados en la forma de hombres y mujeres.

En estos días, mis momentos de mayor gozo, consuelo y conexión con Dios parecen venir con mayor frecuencia dentro del contexto de la experiencia corporal. Mis salidas a correr de la noche tarde constituyen oraciones de gratitud en las que las palabras no hacen falta. Al cuidar mi cuerpo de una manera más sabia, tomo conciencia de la energía transmisora de vida que siempre se renueva como un don de mi asombroso Creador: Dios. Y a medida en que he ido aprendiendo a escuchar a mi cuerpo, he crecido en mi capacidad de discernir la guía de Dios y confiar en ella, aun en medio de una gran complejidad. Cada día descubro de una nueva manera que la vida experimentada en plenitud en el cuerpo es la verdadera vida espiritual.

PRÁCTICA

El prestar atención a tu respiración es una de las maneras más simples de ponerte en contacto con tu existencia en el cuerpo. Colócate en una posición cómoda, sea en una silla o en el piso, y presta atención a tu respiración. Nota que tu respiración es superficial, y tómate un tiempo para respirar profundamente. Permite que tu respiración alivie cualquier tensión que sientas sobre tu espalda, tus hombros, tus brazos. Acomoda mejor el cuerpo para lograr una posición más cómoda, y permítete relajarte en la silla o almohadón como expresión física de tu confianza en Dios.

Poco a poco lleva tu atención hacia el cuerpo, e invita a Dios a que te hable a través de él. En primer lugar, simplemente toma nota de la manera en que te sientes con respecto a la vida en el cuerpo. ¿Te sientes incómodo? ¿Lo disfrutas? ¿Qué sucedió en tu interior cuando consideraste la idea de honrar tu cuerpo o encontrarte con Dios en tu cuerpo?

¿En qué condiciones está tu cuerpo en este tiempo? ¿Lo has estado cuidando con continuidad, comiendo correctamente, durmiendo lo suficiente, haciendo ejercicios, prestando atención a las cuestiones y preocupaciones médicas? ¿O lo has ignorado y sometido a abusos en algún sentido? Permanece sentado tomando conciencia y hablándole a Dios con respecto a ello. Presta atención a su respuesta.

¿Hay algo que tu cuerpo intenta decirte? ¿Existe algún espacio de tensión o incomodidad que has preferido ignorar? ¿Alguna cuestión médica requiere atención? ¿Tienes alguna vaga sensación de intranquilidad que te resulta desestabilizadora y parece persistir? Presta atención para descubrir si hay algo que has mantenido alejado de tu conciencia, y permite ahora que eso se instale completamente en tu conciencia delante de la presencia de Dios.

¿Hay alguna posición que tu cuerpo desea adoptar para orar en este momento?

¿Alguna forma en la que quieras expresarte ante Dios en lo físico? Hazlo y sigue la dirección que te indique tu cuerpo, y ora con tu cuerpo y alma.

En tus tiempos de soledad comienza con unos pocos instantes para respirar y asentarte en el cuerpo. Trata de descubrir si alguna de tus prácticas espirituales tiene alguna conexión con las actividades físicas que te gusta realizar. Nota la manera en que experimentas la presencia de la vida de Dios a través de un gran aprecio por la vida en el cuerpo.

6

AUTOEXAMEN

Colocar mi ser entero delante de Dios

Muchos evitan el sendero del conocimiento propio porque temen ser tragados por sus propios abismos. Pero los cristianos tienen la confianza de que Cristo ha sobrevivido a todos los abismos de la vida humana y que él va con nosotros cuando nos animamos a comprometernos en una confrontación sincera con nosotros mismos. Como Dios nos ama incondicionalmente (lo que incluye nuestros costados oscuros) no precisamos esquivarnos a nosotros mismos. A la luz de su amor, el dolor de conocernos interiormente puede constituir a la vez el comienzo de nuestra sanidad.

RICHARD ROHR

Llega un tiempo en la vida espiritual en el que una de las principales cosas a las que se aboca Dios es a ayudarnos amorosamente a poder mirarnos a nosotros mismos con mayor claridad. Eso constituye un elemento de la vida espiritual que implica un gran desafío ante el que la mayoría de nosotros retrocedemos bastante atemorizados. Algunos hemos sido formados dentro de un sistema que funciona en base a la vergüenza, sea dentro de la familia o en la iglesia, y nos resistimos a entrar a los niveles más profundos del autoconocimiento por temor a sentirnos debilitados por la vergüenza o a ser arrastrados por el remordimiento. Otros tienen un sentido tan frágil de su valor, o un perfeccionismo tan pronunciado, que no están seguros de poder soportar una confrontación con la verdad de su propia oscuridad sin quedar enredados en ella.

Sin embargo, uno de los más profundos anhelos del corazón humano es ser conocido y amado incondicionalmente. Ansiamos saber que alguien en este mundo sabe todo acerca de nosotros y, sin embargo, nos ama. Detrás de las cosas superficiales en las que nos apoyamos, que tienen que ver con nuestros logros y contactos sociales, deseamos ser vistos y celebrados por todo aquello que es bueno y valioso en nosotros, y anhelamos ese amor que es lo bastante fuerte como para contener nuestra fragilidad y condición pecadora. Algo dentro de nosotros sabe que un amor semejante tiene un poder transformador.

El problema es que la mayoría no estamos dispuestos a asumir el riesgo de quedar tan expuestos. Siempre hay algo que ocultamos por temor a ser rechazados. Podemos habernos acercado a la posibilidad de esta clase de amor en algún momento, pero no hemos sabido cómo permitirle penetrar nuestras defensas de manera que fuéramos capaces de recibirlo. Todos nosotros preferiríamos lograr la experiencia de ese amor incondicional sin tener que asumir el riesgo de permitir que alguien nos conociera tan a fondo.

El deseo y la necesidad de amor incondicional aumentan cuando nos volvemos más conscientes de aquellos puntos en los que no somos como Cristo, algo inevitable en nuestra travesía espiritual. A medida que nos vamos armonizando más espiritualmente, nos volvemos conscientes de la forma negativa en que nuestros patrones de pensamiento y de relación nos han lastimado a nosotros y también a otros. Vemos los espacios en los que nos mostramos incapaces de amar y de entregarnos de modo genuino. Descubrimos que en respuesta a las heridas que recibimos nos hemos vuelto más duros e intentamos protegernos más. Percibimos la sutileza de nuestros celos, nuestro mal espíritu, nuestras manipulaciones, nuestras maneras de ejercer control, y nuestra falta de confianza en Dios y en los otros, lo que no nos permite entregarnos de todo corazón. Hemos probado cada enfoque de autoayuda que conocemos, y nos sentimos devastados al admitir que el logro de un cambio real, fundamental, está más allá de nuestro alcance. El corazón gime por ser liberado de esa esclavitud.

Con el correr del tiempo descubrimos que, aunque nos resulte doloroso, despertar a la realidad es lo único que puede mover las cosas, espiritualmente hablando. Como lo expresa Robert Mulholland: «Nuestra cruz es el lugar en el que no somos semejantes a la imagen de Cristo, y es allí donde debemos morir a nosotros mismos para poder resucitar en Dios a la totalidad de la vida a imagen de Cristo... Así que el proceso de ser hechos a imagen de Cristo se produce *precisamente allí, en el punto* en el que no nos asemejamos a Cristo».

Pero aun sabiendo esto, vacilamos entre nuestra tendencia a esconder lo que es más real en cuanto a nosotros mismos y nuestro anhelo de ser cambiados por el amor. Nos sentimos atraídos por la posibilidad de experimentar una libertad más profunda y una transformación espiritual, pero sin embargo nos gustaría evitar el enorme peso que ello podría implicar. Necesitamos de una práctica que nos ofrezca una manera de abrirnos al amor de Dios en los lugares de nuestro quebrantamiento y pecado, que constituye la única forma en que se produce la verdadera transformación espiritual.

DESPERTAR A LA PRESENCIA DE DIOS

El autoexamen constituye una práctica que facilita el despertar espiritual, un despertar a la presencia de Dios que nos lo muestra tal como él es, y un despertar a la realidad de no-sotros mismos tal como somos. Cuando se practica correctamente, nos conduce a una percepción mayor de la presencia constante y amorosa de Dios en nuestra vida, promueve una celebración de nuestro ser tal como fue creado, nos ofrece un lugar seguro para descubrir y mencionar aquellos puntos en los que no somos como Cristo, y nos abre a niveles más profundos de transformación espiritual. El autoexamen es la práctica cristiana que nos permite abrirnos al amor que estamos buscando.

El Salmo 139: 23-24 probablemente nos resulte el pasaje más conocido entre los que articulan la invitación que el alma le hace a Dios para que la guíe en el proceso de auto examen: «Examíname, oh Dios, y sondea mi corazón; ponme a prueba y sondea mis pensamientos. Fíjate si voy por mal camino, y guíame por el camino eterno». Un análisis exhaustivo del Salmo 139, además, nos ofrece un acercamiento más completo y equilibrado al auto examen. Este comienza en Dios.

El salmo empieza por reconocer que Dios ya me ha examinado y me conoce de arriba a abajo. Conoce las intimidades y complejidad de mi mundo interior (mis pensamientos y sentimientos), y también mis idas y vueltas en el ámbito externo. Y la buena noticia es que no hay nada que yo pueda hacer al respecto, nada que Dios no conozca sobre mí, y ningún lugar al que ir procurando escapar de su presencia. Entrar de lleno a un proceso de autoexamen comienza con el conocimiento de que estoy eternamente seguro en el amor de Dios.

> Señor, tú me examinas, tú me conoces.
> Sabes cuándo me siento y cuándo me levanto;
> aun a la distancia me lees el pensamiento.
> Mis trajines y descansos los conoces;
> todos mis caminos te son familiares.
> No me llega aún la palabra a la lengua
> cuando tú, Señor, ya la sabes toda (versículos 1-4).

Existe una paradoja, por supuesto, en la verdad referida a que invito a Dios a examinarme y conocerme cuando en realidad él ya me ha examinado y me conoce. Eso apunta al hecho de que la verdadera cuestión en cuanto al autoexamen no es que yo invite a Dios a conocerme (dado que él ya lo está haciendo) sino que lo invito a que él *me* ayude a conocerme. Resulta claro entonces que este constituye el mayor desafío que enfrentamos, dado que cada uno de nosotros ha desarrollado tácticas de defensa muy bien pensadas para evitar conocer todo aquello que no desea saber. Al igual que el niño pequeño que se «oculta» tapándose los ojos y pensando que si él no puede ver a los demás entonces tampoco los demás lo pueden ver a él, pensamos que si nosotros no reconocemos ciertas verdades acerca de nosotros, Dios tampoco las notará.

> *Aunque la verdad de que no podemos escapar al ojo de Dios que todo lo ve pueda resultarnos una carga muy pesada en algunos momentos, finalmente ella constituye el único remedio para nuestro malestar. Si deseamos ocultarnos de la mirada penetrante del amor divino, es porque sabemos que puede posarse sobre lo que no es santo ni amoroso dentro de nosotros. Solo bajo la constante mirada de amor de parte de Dios es que podemos encontrar la sanidad y restauración que necesitamos tan desesperadamente.*
>
> MARJORIE THOMPSON,
> *SOULFEAST* [Fiesta para el alma]

Básicamente, la experiencia de ser conocida tan íntimamente (o de saber que la protección de Dios «me envuelve por completo») es algo a lo que le doy la bienvenida, porque me siento contenida con firmeza y seguridad. Pero hay momentos en los que, la experiencia de que Dios «me envuelva por completo» me resulta..., como decirlo..., un poco sofocante. No estoy segura de que me guste ser conocida tan a fondo, o que alguien se acerque tanto a mí. ¡Permítanme un poco de privacidad, por favor! Pero a medida que voy tomando conciencia de la presencia de Dios, descubro que la experiencia que mi ser siempre ha anhelado (tener alguien que lo sepa todo de mí y aun así continúe amándome) es justamente la que tengo delante de mí. Ese amor constituye un puerto seguro dentro de mí, en el que puedo conocer y ser conocida.

EL EXAMEN DE TOMA DE CONCIENCIA

Llegar a reconocer el amor incondicional de Dios y su presencia como última e inamovible realidad de nuestra vida requiere de tiempo y práctica. Una manera de desarrollar nuestras capacidades para reconocer la presencia de Dios es comprometernos con lo que se conoce como la antigua tradición del *examen de toma de conciencia*, que podríamos definir como una revisión diaria. Se trata de una disciplina simple que nos ayuda a tomar mayor conciencia de Dios, agudizando nuestra percepción en cuanto a que él está verdaderamente con nosotros cuando nos acostamos a dormir, cuando nos despertamos, y en todos los momentos intermedios. Descubrimos que somos guiados por la mano de Dios. Aun cuando las cosas parezcan oscuras, una luz que parte de Dios puede iluminar las más densas tinieblas.

El examen de toma de conciencia implica separar unos momentos al final de cada día para volver sobre los acontecimientos de la jornada y pedirle a Dios que nos muestre las situaciones en las que él estuvo presente con nosotros y de qué manera respondimos a su presencia. Podemos preguntarnos: *¿De qué manera se hizo presente Dios en mí hoy? ¿Qué impulsos suyos noté? ¿De qué modo respondí, o no respondí, a ellos?*

Cuando comenzamos a practicar esa disciplina, puede ser que no tengamos para nada conciencia de la presencia de Dios durante los distintos momentos del día, pero nuestro examen nos ayuda a tomar conciencia de ciertas pruebas de ella que de otra manera no hubiéramos notado. Al reflexionar en oración acerca del día, puede ser que descubramos que alguien se mostró particularmente amable o compasivo con respecto a nosotros y que Dios nos estuvo amando a través de esa persona.

O quizás hubo un momento en el que apenas escapamos de algún daño o herida, y al mirar hacia atrás, vemos con más claridad que Dios nos protegió. Y hasta puede ser que notemos algo en apariencia intrascendente, como elegir refrenar la lengua en lugar de emitir una crítica o un chisme, o mostrar una actitud en la que pudimos ser amables y generosos en medio de una situación en la que generalmente hubiéramos sido malos y egoístas. Y sabemos que la capacidad para hacerlo provino de Dios, que obra en nuestra vida.

Al revisar nuestros días de esta manera, descubrimos momentos y lugares en los que tuvimos un chispazo de percepción con respecto a que Dios estaba con nosotros, pero no supimos responder a ello. Quizá marchábamos a demasiada velocidad como para poder realmente notarlo, o fuimos testarudos y perezosos, o tal vez sentimos que eso requeriría demasiado de nuestra parte. Considerar esas oportunidades perdidas puede llevarnos lamentar profundamente lo hecho, pero esta agudización de nuestra conciencia nos abre a la posibilidad de realizar elecciones diferentes la próxima vez. A través del examen de toma de conciencia, despertamos a la realidad de la presencia de Dios con nosotros aun en momentos teñidos de remordimiento, y entonces comenzamos a creer, de a poco, que nada nos puede apartar de la presencia de Dios. A través de la práctica fiel de esta disciplina comenzamos a descubrir lo que descubrieron los salmistas: que aun aquellos lugares dentro de nosotros que se perciben como muy oscuros e inhabitables son lugares en los que la presencia de Dios es muy real.

> ¿Adónde podría alejarme de tu Espíritu?
> ¿Adónde podría huir de tu presencia?...
> Ni las tinieblas serían oscuras para ti,
> y aun la noche sería clara como el día.
> ¡Lo mismo son para ti las tinieblas que la luz!
> (versículos 7, 12).

DESPERTAR AL DON DE NUESTRO SER TAL COMO HA SIDO CREADO

La segunda sección de este salmo (versículos 13-18) apunta al hecho de que el autoexamen sano incluye el recibir y celebrar las bondades de lo que somos como seres creados. Un acercamiento equilibrado a la transformación espiritual incluye la aceptación gozosa de lo que somos, considerándonos uno de los mayores dones para nosotros mismos y para los demás. Este bien incluye la singularidad de nuestro cuerpo, nuestra personalidad, la configuración de nuestra alma y su forma personal de relacionarse con Dios, nuestro medioambiente y experiencias, y hasta aquellas cosas que podríamos considerar desventajas o deformidades.

Tú creaste mis entrañas;
me formaste en el vientre de mi madre.
¡Te alabo porque soy una creación admirable!
¡Tus obras son maravillosas,
y esto lo sé muy bien! (versículos 13-14)

¿Cuándo fue la última vez que te celebraste a ti mismo del modo en que David se celebra a sí mismo en este pasaje? ¿Cuándo fue la última vez que miraste tu cuerpo y pensaste que era hermoso, fuerte, o sorprendente? ¿Cuándo fue la última vez que experimentaste alguno de los aspectos de la vida en tu cuerpo (correr, caminar, bailar, hacer el amor, ascender un monte, dar a luz un bebé, pintar) y pensaste: *Es maravilloso poder hacer esto?* ¿Cuándo fue la última vez que celebraste alguna dimensión inusual de tu personalidad o alguna expresión de tu alma y pensaste: *Yo hago muchas cosas, ¡pero esto realmente expresa lo que soy! Me encanta ser la persona que Dios quiere que sea?*

Puede parecer algo muy simple, pero para muchos no lo es. Algunos de nosotros experimentamos sentimientos de una profunda ambivalencia, y hasta vergüenza con respecto a algunas partes de nuestro cuerpo, o nos sentimos desconectados e incómodos con la vida en el cuerpo en general. También hay aspectos de nuestra personalidad y ciertos elementos de nuestra alma que nos causan turbación o vergüenza, y no hemos llegado al punto en que podamos celebrar todo eso a la luz de la presencia de Dios.

Cuando estaba en la primera mitad de mis treinta, me sometí a una evaluación de personalidad como parte de mi trabajo como miembro del equipo de la iglesia. El ejercicio estaba pensado para ayudar a conocernos mejor y conocer a los demás para que eso nos llevara a aumentar la eficacia del equipo, ¡pero tuvo un efecto completamente diferente en mí! Esa evaluación utilizaba las siglas DIFD para indicar cuatro características de la personalidad: dominante, inspiradora, firme, dócil. Ninguna de esas categorías me entusiasmaban, pero me sentí muy avergonzada cuando el resultado de la evaluación indicó que yo era altamente D (dominante). Créanme que eso no constituyo precisamente un elogio. ¡Ninguna mujer de mi entorno en esa época quería ser identificada de esa manera! La única gracia salvadora que me reconfortó fue que nadie más dentro del equipo pensaba que yo fuera altamente dominante; pensaban que yo era altamente I (influyente e inspiradora), lo que implicaba que había hecho bien mi trabajo al ocultar mi verdadero yo. No hace falta decir que estaba lejos de celebrar el verdadero yo con el que había sido creada.

Mi padre había pasado por luchas semejantes. Criado en un pueblo obrero del sur de Illinois, se sentía aislado; esa parte de él poética y mística, muy sensible a la belleza y el arte, era muy incomprendida por la gente que lo rodeaba, y muy poco celebrada o cultivada. Con el correr del tiempo, como predicador itinerante en círculos cristianos fundamentalistas y en iglesias de edificios austeros y desnudos en los que la utilización del piano para la alabanza era mínima, no lograba aún abrazar y aceptar estos elementos esenciales de su alma. Durante muchos años intentó esforzadamente reprimir esos aspectos de él mismo que no podían hallar expresión dentro de nuestro ambiente cultural, pero le significaba una fuente de tristeza y depresión. Hace muy poco que ha abrazado esas partes de él mismo con mayor libertad: pasa horas y horas en museos de bellas artes, asistiendo a conciertos, visitando catedrales, eligiendo modelos de culto que incorporen la buena música y el buen arte. Está permitiendo que esas partes de él vivan y respiren en lugar de mantenerlas ocultas. Su capacidad de aceptar como un don su verdadero yo, tal como ha sido creado, constituye una bendición no solo para él sino para sus hijos, cada uno de los que encarna alguno de los diferentes aspectos que conforman su ser.

¿Cuántas personas conocemos que han logrado ser ellas mismas y permitir que Dios use eso? Este salmo nos invita a hacer precisamente eso: realmente llegar ser nosotros mismos y permitirle a Dios utilizarlo para su gloria.

DESPERTAR A LA OSCURIDAD INTERIOR

Me he detenido a meditar durante un período bastante extenso en los versículos 19-22 del Salmo 139, preguntándome qué lugar tienen estos versículos que expresan odio y aborrecimiento en medio de un salmo tan hermoso.

Oh Dios, ¡si les quitaras la vida a los impíos!
¡Si de mí se apartara la gente sanguinaria,
esos que con malicia te difaman
y que en vano se rebelan contra ti!
¿Acaso no aborrezco, Señor, a los que te odian,
y abomino a los que te rechazan?
El odio que les tengo es un odio implacable;
¡los cuento entre mis enemigos!

Sé, por mis días en el seminario y en la escuela bíblica, que se trata de un salmo *imprecatorio* en el que David expresa emociones de ira y odio justificados contra los enemigos de Dios de la manera en que los judíos piadosos solían hacerlo. Pero sería demasiado fácil dejar de lado esos versículos, relegándolos a una categoría predeterminada. Si nos concentramos solamente en el género literario al que pertenecen esos versículos, corremos el riesgo de perder el sentido. David era un hombre en proceso de recibir transformación espiritual. A través de los Salmos se lo veía clamar por alcanzar niveles de mayor intimidad con Dios y por la transformación que eso produciría en su vida, o sea, las mismas cosas que buscamos nosotros. Quizá más que ningún otro personaje bíblico, David (a través de sus escritos) nos permite asomarnos a una ventana a través de la que podemos apreciar el funcionamiento interno del alma humana. Al mirar a través de la ventana de la vida de David, alcanzamos a echarle un vistazo a la manera en que las personas se acercan a Dios y a la forma en que crecen y cambian. Más que en cualquier otro personaje de la Biblia, vemos ilustrado en David el proceso de autoexamen: el paso de la falta total de conciencia a la toma de conciencia propia, la confesión de los pecados, el perdón, la limpieza y un cambio real de vida.

Cuando prestamos atención a estos versículos tratando de descubrir lo que sucede en el proceso de su transformación espiritual, resulta claro que David está entrando al corazón mismo del proceso de autoexamen. En la seguridad que le brinda el saber que está a salvo en la presencia de Dios, y que ha sido formado amorosamente por el Señor, él puede permitir que los elementos más oscuros de su yo emerjan ante Dios. La confianza que ha expresado en el salmo con respecto a encontrar la presencia de Dios en los lugares más oscuros y en cuanto a la manera en que la luz de Dios puede penetrar las tinieblas de la noche resulta crucial, porque se aplica no solo a la oscuridad de los lugares geográficos sino, lo que es más importante, a los lugares tenebrosos del alma humana.

Además, la certeza de David acerca de que la persona que Dios planeó que él fuera es profundamente buena se ha convertido en el fundamento de su identidad; y puede permitirse sacar a la luz de la presencia de Dios aquellos aspectos que resultan confusos aun para él mismo, de modo que el Señor pueda mostrarle lo que es bueno y lo que es malo. Siente seguridad en cuanto a su identidad básica, lo que le permite arriesgarse a dejar que todas las facetas propias se hagan visibles sin temor a que Dios lo abandone o a perder el sentido de ser quién es. En un arranque de autorevelación, permite que broten sus pensamientos y sentimientos más sinceros y luego invita a Dios a que lo ayude a clasificarlos. Sea que estos sentimientos reflejaran o no lo que todo judío devoto guardaba en su interior y que resultaran o no justificables delante de los demás, lo que David expresa es: «No sé realmente lo que es bueno y lo que es malo dentro de mí».

Examíname, oh Dios, y sondea mi corazón;
ponme a prueba y sondea mis pensamientos.
Fíjate si voy por mal camino,
y guíame por el camino eterno (versículos 23-24).

Muchos de nosotros no podemos siquiera registrar esa clase de seguridad dentro de la relación con Dios que le permitía a David sentirse tan libre en su presencia. El que los seres humanos se abandonen los unos a los otros es casi tan normal dentro de las relaciones contemporáneas que aunque en nuestra mente reconocemos la posibilidad de que exista un amor y una fidelidad del tipo que consideramos, se dan muy pocas experiencias que demuestren que el amor y la seguridad completos realmente existan para cualquiera de nosotros. Todos hemos pasado por las experiencias normales de abandono: un amigo en la infancia que decidió que no le gustábamos más, un romance durante la escuela secundaria que se acabó un día. Pero hay abandonos más profundos que tienen la capacidad de instalarse tan hondamente dentro de nosotros que le dan su forma a nuestra habilidad de confiarnos al amor de Dios, en particular cuando se trata de un autoexamen en la presencia de Dios. Quizá nuestra madre o nuestro padre se retrajeron en silencio cuando nosotros actuamos mal, y por eso experimentamos el amor como algo muy condicionado. O uno de nuestros padres se divorció del otro y dejó a la familia, lo que nos llevó a preguntarnos, en nuestra mente infantil, si alguna falla fundamental o alguna característica desagradable en nosotros había ocasionado el que nos abandonara. O tal vez más adelante nuestro cónyuge rompió el matrimonio a causa de algún defecto que percibió. O tuvimos un trabajo al que dedicamos nuestros mejores esfuerzos y del que nos despidieron inesperadamente.

No importa lo que creamos con nuestra mente, esas experiencias nos dan forma por dentro y determinan lo que podamos llegar a conocer experimentalmente. Si anidamos una preocupación en cuanto a que podamos ser abandonados por alguna falta nuestra o por no poder confiar en el otro, nos resultará muy difícil abrirnos a la mirada penetrante de Dios. Sin embargo, cuando llegamos a un punto de certeza en la lealtad del amor de Dios y nos anclamos en un sentir de que nuestro ser, tal como ha sido creado, es básicamente bueno, no tenemos nada que perder y sí mucho que ganar cuando invitamos a Dios a que nos examine y conozca nuestras mayores profundidades. *Ni las tinieblas serían oscuras para ti.*

EXAMEN DE CONCIENCIA

El avance que se produce desde el poder ver a Dios con mayor claridad (examen de toma de conciencia) hasta vernos a *nosotros mismos* más claramente a la luz de la presencia de Dios resulta algo natural. Llamamos a esto examen de conciencia. Se asemeja al examen de toma de conciencia que implica la revisión de nuestro día o semana; solamente que en esta ocasión le pedimos a Dios que traiga a nuestra mente las actitudes, acciones y momentos en los que fracasamos en cuanto a mostrar el carácter de Cristo o el fruto del Espíritu. Cuando realizamos un examen de conciencia, tenemos la disposición a escuchar sin defendernos y a ver sin racionalizar. No dependemos de nuestra propia morbosa introspección o de nuestras perspectivas agudas; más bien nos rendimos al Espíritu de Dios, que nos revela la verdad en la medida en que podemos soportarla. Cuando Dios nos va trayendo a la mente las diferentes áreas, mostramos disposición a reflexionar sobre aquello que contribuyó a que esa situación se diera y la forma en que podemos reaccionar de un modo diferente en el futuro. Es la voluntad de permitirle a Dios guiarnos en el proceso lo que lo eleva de categoría: de proyecto de autoayuda a práctica espiritual.

El examen de conciencia incluye tres elementos sutilmente distintos. A veces las tres cosas suceden simultáneamente, pero en otras ocasiones se presentan más como un proceso. El primer elemento es simplemente *ver* algo que estuvo mal dentro de una conducta o de una acción. Puede haberse tratado de un vago sentir de que algo no estaba del todo bien (por ejemplo, una sutil renuencia a realizar una acción amorosa por otra persona), o puede haber sido algo erróneo que percibimos de inmediato con nitidez (como una explosión de ira). Comenzamos a cobrar conciencia de lo que sucedió, y alcanzamos a descubrir de qué modo esta acción, o la falta de ella, no permitió que se viera en nosotros una semejanza a Cristo, y también la manera en que lastimamos a otros. El siguiente paso es estar dispuestos a llamar a nuestra falla por su nombre, y también a mencionar lo que sucedió dentro de nosotros, buscando alcanzar a comprender las dinámicas internas que ocasionaron ese comportamiento. Con respeto a este elemento del proceso, realmente necesitamos que Dios nos guíe, porque con frecuencia nuestras heridas interiores, deficiencias de carácter y patrones pecaminosos nos son desconocidos y necesitamos que el Señor nos los revele. El paso final es el de la confesión.

El despertar a la conciencia de nuestros pecados inicia una etapa de la vida espiritual clásicamente entendida como *purificación*, en la que Dios gradualmente va despojándonos de capas de pecaminosidad, una tras otra. Robert Mullholland nos ayuda al distinguir entre estas varias capas. En primer lugar debemos renunciar a todas las cuestiones claramente incoherentes a través de una integridad en Cristo, o sea, a aquellos pecados obvios semejantes a los que Pablo enumera en pasajes como Gálatas 5:19-21, y que aun nuestra cultura evita. Luego la purificación avanza hacia otros pecados deliberados que pueden parecer «normales» y «aceptables» dentro de nuestra cultura pero que no resultan aceptables dentro de la economía de Dios, por ejemplo, el pecado sexual. También podemos encontrarnos con conductas que no son inherentemente malas pero que resultan faltas de amor o incapaces de prestar ayuda dentro de un contexto determinado, como el comer carne lo era en tiempos de Pablo (ver Romanos 14).

Lo siguiente que produce la purificación es que tomemos conciencia de los pecados inconscientes y de las omisiones; estos son problemas de los que no nos habíamos percatado con anterioridad, pero ahora los vemos como obstáculos para nuestro crecimiento. Podemos comenzar a percibir la manera en que somos arrastrados de modo sutil por nuestro ego, la forma en que veladamente manipulamos a otros para conseguir lo que queremos, y el modo en que muchas veces no decimos la verdad. Resulta doloroso ver y mencionar esas dinámicas retorcidas que funcionan dentro de nosotros, y quizá nos sintamos avergonzados por no haberlas percibido antes. Sin embargo, este constituye un aspecto necesario para poder colocar la totalidad de nuestro ser en la presencia de Dios.

La etapa final del proceso de purificación tiene que ver con ciertas actitudes firmemente arraigadas y la orientación interior que dan origen a nuestros patrones de conducta. Aquí Dios trata con nuestras «estructuras de confianza», en especial con aquellas posturas profundas de nuestro ser que no confían en Dios sino en nosotros mismos en lo que tiene que ver con nuestro propio bienestar. A esta altura realizamos un descubrimiento devastador: de muchas maneras seguimos cautivos de nuestras propias ansiedades, somos arrastrados por nuestra necesidad de controlar a Dios y a los demás, y tratamos de imponer nuestro propio orden con respecto a las cosas. Comenzamos a captar algunas visiones de nuestro yo falso que funciona principalmente para mantenernos a salvo y no para ayudarnos a descubrir la manera de abandonarnos en Dios. Aquí ya necesitamos hacer una evaluación sincera: ¿En realidad le hemos confiado nuestra persona a Dios y al fluir del Espíritu, o estamos atrapados por patrones de defensa y auto protección que solo sirven para ayudarnos a mantener un frágil sentido de seguridad y bienestar en medio del mundo?

Aunque nos cause dolor el que estas capas del falso yo nos sean quitadas, esto constituye una prueba de la gracia de Dios. Se hace evidente que Dios está obrando para guiarnos a salir de la esclavitud del pecado hacia la libertad del amor que es nuestro en Cristo. Cada nivel del proceso de purificación nos conduce hacia el aspecto final y más transformador del proceso de autoexamen, que es la confesión, la disciplina que resulta en nuestra mayor liberación.

LA LIBERTAD QUE PRODUCE LA CONFESIÓN

La confesión constituye la fase final del proceso de autoexamen, el partido con el que concluye, y es la parte que más esquivamos. La confesión requiere tener la disposición de reconocer y asumir nuestra responsabilidad no solo por las manifestaciones exteriores de pecado sino también por las dinámicas internas que producen las conductas pecaminosas o negativas. La confesión requiere de nosotros que reconozcamos nuestro fracaso en voz alta para que lo escuchemos nosotros mismos, Dios y las personas a las que hemos herido, y que demos los pasos para renunciar a él por amor a Cristo, y para realizar una restitución cuando sea necesario.

Existe una gran diferencia entre decir: «Si te he herido, lo lamento» y: «Lamento haberte herido. Me doy cuenta ahora de que ha sido mi inseguridad lo que produjo esa mala conducta. He orado al respecto, y creo que Dios me está mostrando como evitar repetirlo. ¿Podrías perdonarme?» Una confesión de este tipo resulta una cuestión que va a contrapelo de la cultura actual por muchas razones, de modo que resulta difícil descubrir cómo comenzar a hablar sobre ella; sin embargo, detenernos antes de la confesión significa detenernos antes de que se produzcan los niveles más profundos de transformación.

A muchos de nosotros nos faltan modelos positivos y procesos de comprensión referidos a la manera en que una persona visualiza, menciona y asume su responsabilidad personal con respecto a quién es y cómo se conduce. Dentro de muchas familias nadie asume la responsabilidad de sus acciones; cuando algo sale mal, se van traspasando la culpa de uno a otro hasta que recae (generalmente) sobre el individuo más indefenso del sistema. He hablado con jóvenes que nunca han oído a uno de sus padres, ni a ningún otro adulto, admitir un pecado o una mala conducta, ni ofrecer una disculpa sin apoyarse en excusas o culpar a otros.

Además, nuestra cultura promueve un profundo sentido de negación con respecto a la presencia del pecado en nuestras vidas y en referencia a la forma en que nuestros pecados y patrones negativos lastiman a otros. En un ambiente dado al pleito como el nuestro, aun cuando algo sucede por nuestra culpa, se nos anima a no admitirlo a menos que logremos obtener algún beneficio de ello. Se nos incita a torcer los hechos o utilizar un lenguaje confuso que dirija la atención hacia otro lado para enfocar allí la culpa. Utilizamos toda clase de medios, que incluyen desde la negación lisa y llana hasta la sutil utilización de un lenguaje indebido, con el fin de no admitir que nos hemos equivocado o actuado mal.

Una líder de la iglesia trató con un feligrés de una manera mal intencionada y hasta calumniosa. Cuando se la confrontó con su evidente mal comportamiento, lo mejor que se le ocurrió a esa líder fue reconocer que su comunicación había sido «poco ingeniosa». Una admisión tan débil demostró que tenía escasa conciencia real de sí misma, falta de capacidad de autoexamen y ninguna voluntad de enfrentar una confesión. Si esa líder hubiera reconocido que su conducta había herido a otro y si hubiera reflexionado un poco con respecto a lo que sucedía en su interior y la llevaba a hacer comentarios hirientes, y además hubiera ofrecido una disculpa sincera acompañada de un pedido de perdón, ese proceso hubiera resultado sanador. Pero lamentablemente estos patrones no surgen en nosotros, ni como individuos ni como cultura.

La confesión, practicada en toda su amplitud, es personal (entre Dios y yo), interpersonal (con un amigo de confianza o confesor, con la persona a la que he herido u ofendido) y corporativa (dentro del contexto de la adoración de la comunidad). La interacción entre los tres mantiene a la confesión saludable y productiva. Una tendencia perturbadora entre los cristianos es que nos resulta demasiado fácil confesarle nuestros pecados a Dios en forma privada, o hacer una confesión general como parte de un culto de la iglesia; mucho más difícil es confesarle nuestro egoísmo directamente a nuestro cónyuge, nuestros celos a un amigo, nuestra impaciencia a nuestros hijos o nuestra forma de ejercer una presión movida por el ego a nuestros colegas. ¿Cómo es que podemos participar de la confesión en un servicio de la iglesia y sin embargo nos resulta tan difícil mencionar y confesar nuestros pecados en el momento en que estamos frente a frente con alguien al que hemos herido u ofendido? «Lamento que mis celos me hayan privado de unirme a tu celebración por el éxito que has alcanzado». «Lamento que mi idealismo me ha haya llevado a extender mi agenda en lugar de ser capaz de ajustarla a algo más real». «Lamento que mis horarios descontrolados me hayan mantenido tan absorta en mí misma y tan distante que no haya podido estar allí contigo durante ese tiempo tan difícil». Algo de lo que podemos estar seguros es que cuando confesamos nuestros pecados a Dios pero no a la gente que nos rodea en la vida común y esencial de todos los días, no se produce en realidad mucha transformación que digamos.

DESPERTAR AL PERDÓN DE DIOS

La confesión es buena para el alma. Es buena para el alma porque nos abre a la experiencia de ser perdonados y a la libertad que se produce una vez que hemos cruzado al otro lado. Cuando el proceso se completa, el autoexamen y la confesión dan como resultado la posibilidad de despreocuparnos apropiadamente de los pecados y experimentar la sensación de habernos librado de una carga. La «tristeza que proviene de Dios produce el arrepentimiento que lleva a la salvación» (2 Corintios 7:10) y forma parte del proceso, pudiendo llegar a ser muy profunda cuando logramos vernos a nosotros mismos tal como somos; pero la confesión no nos lleva finalmente hacia la vergüenza o la obsesión sino a la limpieza y a la liberación. «Conocerán la verdad, y la verdad los hará libres» (Juan 8:32).

Una de las más hermosas experiencias de ese despertar de la conciencia que yo he presenciado tuvo que ver con nuestra hija mayor, Charity, cuando tenía quince años. (Ella me ha dado permiso para contar la historia.) Chris y yo habíamos estado fuera una noche, celebrando el cumpleaños de un amigo, y cuando llegamos a casa, las cosas no parecían completamente en orden. El piso de la cocina y las mesadas estaban limpios, pero se los notaba un poco pegajosos; había desperdicios en los basureros, que tenían que ver con alimentos que nosotros no acostumbramos consumir, y Charity se veía un tanto extraña. La indagamos un poco, pero se mantuvo asegurando que todo estaba bien.

Al día siguiente, yo continuaba sintiéndome perturbada, con la certeza de que algo había sucedido en nuestra casa mientras habíamos estado ausentes. Le dije a Charity que si ella no nos decía lo que había sucedido, tendría que llamar a la policía porque sentía que alguien había estado en nuestra casa. A esa altura, ella admitió que había habido gente en la casa y que se había bebido, pero los detalles resultaban muy confusos y cambiaban cada vez que reiteraba el relato. Resultaba claro que no nos estaba contando toda la historia. Eso sucedió un viernes por la noche. Para el domingo ya habíamos podido juntar las partes como para saber quiénes habían estado en la casa esa noche, pero todavía no podíamos llegar a la verdad. Le dije a Charity que iba a llamar a los padres de todos los jovencitos que habían estado para hacerles saber que se había llevado a cabo una fiesta con bebidas en nuestra casa; y que, para poder llegar al fondo de la cuestión, nos gustaría que los padres vinieran a nuestra casa cada uno con su hijo la noche siguiente y allí hablar al respecto. Como pueden imaginar, Charity estaba asustada a morir y no tenía idea acerca de qué esperar que sucediera. Le aseguramos que nuestra intención era ser amorosos, pero que teníamos el derecho a saber lo que había sucedido en nuestra casa y los demás padres también tenían el derecho a saber en qué andaban sus hijos; los jovencitos necesitaban que se les diera la oportunidad de asumir la responsabilidad de sus actos, y nosotros los padres precisábamos tener la chance de decirles que los amábamos demasiado como para permitirles que esta clase de cosas sucedieran sin darles algún tipo de tratamiento.

Para la nochecita del lunes, Charity ya nos había contado toda la verdad, y uno de los vecinos nos había hecho saber que había tenido que llevar a un jovencito a su casa porque estaba demasiado ebrio como para conducir. Pero aún así pensábamos que los padres debían ser informados, y que estos jóvenes merecían tener la oportunidad de asumir la responsabilidad de sus actos. Así que seguimos adelante con nuestros planes para realizar le reunión. Para nuestra sorpresa, todos los padres se presentaron (¡y no solo uno de ellos, sino los dos!), junto con sus hijos; éramos unos treinta los que estábamos reunidos en nuestra sala para permitir que la verdad saliera a la luz.

Al no tener cómo ocultarlo, cada uno de los jóvenes tuvo que asumir su parte de responsabilidad por lo que había sucedido. Charity había invitado a la casa a unos pocos amigos íntimos mientras nosotros no estábamos (algo que no le permitíamos hacer). Cuando otros adolescentes (incluyendo algunos mayores de edad que ya podían conducir) se enteraron de que no habría padres en la casa, también vinieron, trayendo bebidas alcohólicas, y nuestra hija les permitió entrar. Uno de los jóvenes confesó que en su mochila había traído una botella de vodka que había tomado de la casa de los abuelos de su novia. Otro confesó que había sacado el automóvil de su madre del garaje sin que ella lo supiera para ir a compar cerveza. Otro confesó haber bebido tanto que no podía parar de vomitar (esa era la razón de las mesadas pegajosas). El joven al que nuestros vecinos habían tenido que llevar a la casa confesó que estaba demasiado ebrio como para conducir. Fue una velada que nos sacudió, pero sirvió para recuperar la cordura.

Una vez que se contó la historia completa a satisfacción de todos y de que los padres tuvieron oportunidad de hacer todas sus preguntas, Charity realizó su propia confesión. Aunque ella podía haberla acomodado un poco y achacado los problemas a aquellos que habían traído la bebida, asumió completamente la responsabilidad de sus acciones. Quebrantada y entre lágrimas, confesó ante sus amigos y sus padres: «El hecho de que esto haya sucedido es por mi culpa. Si yo no hubiera invitado gente cuando no debía hacerlo, esto no hubiera ocurrido. Lo lamento. Lo que más me duele es pensar que tal vez ustedes no confíen más en mí. Espero que puedan perdonarme y que vuelvan a confiar de nuevo en que puedo ser una buena amiga para sus hijos o hijas». A esta altura, prácticamente todos estaban llorando.

Cuando todo acabó, hubo abrazos por doquier y un profundo sentido de gratitud por lo que había ocurrido en ese lugar. Los jóvenes estaban agradecidos por el amor que se les había mostrado (por extraño que nos parezca) y los padres agradecían que alguien se hubiera preocupado por proveerles una manera de enterarse de lo que estaba sucediendo en la vida de sus hijos. Muchos de los padres abrazaron a Charity y le dijeron que la amaban y que la perdonaban.

Después de que todos se fueron, nos sentamos juntos en quietud para reflexionar sobre el amor que se había percibido, y Charity hizo una declaración que nunca olvidaré. Sus ojos brillaban con una claridad y paz que nunca había visto en ella antes, y dijo: «No me importa lo que me suceda de aquí en más. Ahora sé que he sido perdonada».

PRÁCTICA

Esta es una práctica que incorpora todos los elementos de auto examen que hemos explorado en este capítulo: examen de toma de conciencia, examen de conciencia y confesión. Aunque los pasos puedan parecer algo tediosos tal como los hemos descrito, una vez que te acostumbres a ellos te parecerán menos lineales y podrás entregarte al ritmo que corre por debajo de la superficie y fluir. Querrás saber cuándo y con qué frecuencia practicar esta disciplina. Algunas personas eligen realizar un examen diario, y otras prefieren hacerlo semanalmente.

Preparación: Pasa unos momentos en silencio, permitiéndote aquietarte y descubrir cuánto te ama Dios. Puedes usar una de tus escrituras favoritas, una oración u otra lectura espiritual, de acuerdo con lo que necesites, para afirmarte en la seguridad del amor de Dios en el momento presente. Escucha a Dios decirte: «Te he amado con amor eterno...»

Invitación: Invita a Dios a acompañarte en tu búsqueda de pruebas de su presencia a través del día y en tu búsqueda de autoconocimiento.

Repaso del día: Identifica los puntos más importantes del día (o de la semana, si realizas tu examen semanalmente), lo que incluye tus prácticas espirituales, comidas, compromisos, interacción con otros, y hechos significativos relacionados con el trabajo. Reflexiona sobre cada acontecimiento, tomando en cuenta los momentos en los que Dios pareció amarte, te habló, te guió o te mostró algo nuevo con respecto a él.

Agradecimiento: Dale gracias a Dios por cada parte de tu día, por su presencia contigo en medio de todo, por aquellos momentos en los que sentiste una creciente libertad del pecado y una mayor capacidad de amar a Dios y a otros. Si encuentras cuestiones irresueltas o preguntas con respecto a los acontecimientos del día, exprésaselas a Dios también, y permítete experimentar gratitud por la presencia de Dios contigo aun en aquellos espacios que parecen oscuros o confusos.

Confesión: Usando el Salmo 139:23-24 como tu oración, invita a Dios a que traiga a tu memoria actitudes, acciones o momentos en los que no mostraste el carácter de Cristo o el fruto del Espíritu. A medida en que el Señor vaya trayendo a tu mente diferentes áreas, reflexiona sobre aquello que contribuyó a crear la situación y considera qué cosas pueden ayudarte a reaccionar de una manera diferente en el futuro.

Pedido de perdón: Expresa también tu disposición a dar todo paso necesario para permitir que el carácter de Cristo sea formado más plenamente en ti. Recibe la seguridad del perdón de Dios (1 Juan 1:9) y su poder para continuar guiándote hacia la transformación que deseas. Pregúntale a Dios si hay algo que necesitas hacer para enderezar alguna cosa referida a la situación que has confesado.

Búsqueda de amistades espirituales: Busca algún amigo espiritual y cuéntale acerca de lo que estás descubriendo con respecto a ti mismo, acerca de tu confesión, y de que estás resuelto a buscar una transformación en esa área.

*¿De qué manera abrió la rosa su corazón
y le brindó al mundo toda su belleza?
Sintió el empuje de la luz sobre su ser.
De otro modo todos permaneceremos
demasiado asustados.*

TOMADO DE THE GIFT:
POEMS BY HAFIZ [El regalo: Poemas por Hafiz]

7

DISCERNIMIENTO

Reconocer la presencia de Dios
y responder a ella

El discernimiento, para alcanzar su plenitud, necesita de un corazón ejercitado, y un oído afinado que oiga la voz de Dios y muestre resolución a obedecer esa palabra en amor. Es un verdadero don de Dios, pero no cae de los cielos completamente formado. Se trata de un don que se cultiva a través de una vida de oración y de búsqueda del conocimiento propio.

ERNEST LARKIN

Poco tiempo atrás estuve con el equipo de fútbol de mi hija al comienzo de una práctica dedicada a analizar películas de sus partidos. Consideramos la importancia de esas filmaciones de los juegos y el hecho de que les proporcionaba la oportunidad de descubrir los errores cometidos en el último partido (para hacer las cosas de otra manera la próxima vez) y también para ver lo que habían hecho bien (para celebrarlo, con la esperanza de poder repetirlas). Ellas además notaron que esto les permitía dar un paso atrás y ver el campo de juego desde una perspectiva más ventajosa que cuando estaban embrolladas en medio del acaloramiento del partido. Pudieron observar la ejecución de jugadas, el funcionamiento general del equipo, los momentos en que mostraron buen ímpetu y lo que había contribuido a que se generara ese ímpetu, y también las ocasiones en que la energía parecía habérseles evaporado.

El mirar filmaciones de los partidos es algo similar a realizar un *examen*, tal como lo vimos en el capítulo previo, solo que en este caso presenciamos algo mucho más importante que una competencia deportiva; ¡estamos viendo la filmación del partido de nuestra vida! Procuramos encontrar evidencias de la presencia y actividad de Dios, y profundizar la conciencia de nosotros mismos a través del auto examen. A medida que adquirimos práctica, comenzamos a notar algunas otras dinámicas muy sutiles que nos ayudan a discernir la presencia de Dios, de manera que podemos alinearnos de un modo más completo con los propósitos de Dios momento a momento. Empezamos a percibir esos tiempos en los que somos animados por la energía transmisora de vida que proviene del Espíritu desde adentro de nosotros mismos, y también captamos que hay instantes y lugares que nos vacían de vida en alguna manera.

El discernimiento es ante todo un hábito, una manera de ver, que con el tiempo, penetra nuestra vida entera. Es la travesía desde la ceguera espiritual (no ver a Dios en ningún lugar o verlo solo donde esperamos encontrarlo) a la visión espiritual (descubrirlo a Dios en todos lados, en especial donde menos lo esperamos). Ignacio de Loyola, fundador de la orden de los Jesuitas y muy conocido por haber desarrollado una serie de ejercicios espirituales destinados a afinar la capacidad de la gente para esta disciplina, definía el objetivo del discernimiento como «encontrar a Dios en todas las cosas para poder amar y servir a Dios en todo» (*itálicas mías*).

El hábito del discernimiento es la cualidad de estar atentos a Dios de un modo tan íntimo que con el tiempo desarrollamos una percepción intuitiva con respecto al sentir del corazón de Dios y su propósito en cualquier momento dado. Nos familiarizamos con la voz de Dios (el tono, la calidad, el contenido) así como nos familiarizamos con la voz de algún ser humano al que conocemos bien. Podemos llegar a captar la respuesta a varias preguntas clave: ¿Quién es Dios para mí en este momento? ¿En qué lugar está obrando Dios, y continúa desarrollando su amor y redención? ¿Ante quién respondo con mayor autenticidad? Es una manera de visualizar la totalidad de la vida desde la perspectiva de percibir el movimiento del Espíritu de Dios y abandonarnos a él del mismo modo en que nos entregamos a la experiencia de flotar y dejarnos llevar por la corriente de un río. A veces nos recostamos y le permitimos a la corriente de las aguas llevarnos con ella. En otros momentos resulta más bien como intentar lanzarnos por los rápidos o deslizarnos llevados por una gran ola: debemos mantener todo nuestro ser alerta y sintonizado con la dinámica del agua cuando fluye sobre las rocas, pega giros o pasa a través de canales angostos, de manera que podamos montarnos sobre ella hasta su destino final en lugar de que su fuerza nos haga tambalear. Sea como fuere, nosotros no podemos establecer la dirección ni la velocidad de la corriente; más bien procuramos estudiar los elementos para poder movernos junto con ellos y descubrir la mejor manera de dejarnos llevar en la dirección que Dios ha elegido para nosotros.

Cuando practicamos el examen de toma de conciencia que analizamos en el capítulo anterior, sintonizamos mejor con la presencia de Dios y aprendemos a descubrir evidencias de ella que de otro modo podrían pasar inadvertidas. Esos vislumbres no solo nos aseguran que la presencia de Dios está con nosotros, sino que nos proporcionan pistas con respecto a la manera en que él guía nuestra vida y aumentan el sentir de que realmente vivimos toda la vida en Dios.

Las Escrituras también hablan de «discernir espíritus» (1 Corintios 12:10) y nos animan: «Probad los espíritus si son de Dios» (1 Juan 4:1 RVR60). Este aspecto del discernimiento nos ayuda a distinguir lo real de la falsificación, lo verdadero de lo falso, tanto en el mundo «exterior», como en el mundo interior de nuestros pensamientos y motivaciones. Es posible para nosotros llegar a sintonizarnos de un modo tal con las dinámicas espirituales sutiles que podamos distinguir entre lo que es bueno (lo que nos hace avanzar hacia Dios y su llamado sobre nuestra vida) y lo que es malo (lo que nos aparta de Dios).

Ignacio de Loyola clasificaba estas dinámicas interiores bajo las categorías de *consolación* y *desolación*. Más allá de las emociones superficiales, la consolación es el movimiento interior del corazón que nos proporciona el profundo sentir de alcanzar una conexión transmisora de vida con Dios, con otros y con nuestro más auténtico ser en Dios. Es la sensación de que todo está profundamente bien en el mundo, que soy libre para entregarme a Dios y para amar aun en momentos de sufrimiento o crisis. La desolación es la pérdida del sentido de la presencia de Dios. Sentimos que estamos fuera de contacto con Dios, con los demás y con lo más auténtico de nuestro ser. En la desolación estamos descentrados, llenos de inquietud, confusión y hasta rebelión. Puede aun haber una sutil sensación de desasosiego que indica que algo está fuera de lugar.

La consolación y la desolación no necesariamente tienen que ser particularmente importantes o graves; en realidad pueden parecer relativamente intrascendentes hasta que aprendemos a prestarles atención y a escuchar lo que tienen que decirnos. Por ejemplo, he notado lo restaurador que un culto de la iglesia puede ser para mí en particular a causa de la belleza del tiempo de adoración y la profundidad de sentido transmitidos por los símbolos religiosos: el altar de la eucaristía, ubicado en el centro del espacio dedicado a la adoración, las velas encendidas, una cruz hermosamente tallada, o un lugar en el que arrodillarse delante de nuestra silla o detrás del altar, por ejemplo. Todo esto resulta tan vivificante, que no tiene mucha importancia que alguien diga algo o no. Constituye un recordatorio de que el espacio sagrado es un elemento de adoración muy significativo para nosotros y debe ser tenido en cuenta cuando elegimos un lugar en el que adorar.

En medio de un día normal de trabajo y ministerio, a menudo descubro que lo que más me renueva, *y mucho más que cualquier otra cosa*, es mantener una tranquila conversación con algún amigo o amiga, o un colega, que de alguna manera reafirma mi compromiso de vivir y trabajar en comunidad. En contraste, puede haber momentos de ese mismo día en el que me siento vacía de energías debido a algún sentimiento de soledad y aislamiento. El profundo gozo que experimento en relación con mis colegas se contrapone a la desolación que siento cuando tengo que hacer mucho de mi trabajo en aislamiento, y eso me recuerda que las relaciones significan más para mí que cualquier otra cosa.

El prestar atención a estas dinámicas interiores ocultas continuamente me llevan a estar más alerta en la elección de aquellas cosas que son más importantes en la vida para mí. Aun cuando el descubrir estas cosas resulte un poco doloroso, ellas me hablan suavemente sobre mi vida y de lo importante que es ser cuidadosa y realizar mis elecciones de una manera más coherente y planeada.

La voluntad de Dios para nosotros generalmente es que persigamos aquellas cosas que nos dan vida (Juan 10:10) y que nos alejemos de las cosas que nos vacían de vida y nos llevan a debilitarnos. Muchas de nuestras decisiones menores y la mayoría de nuestras decisiones significativas (aun aquellas que requieren de nosotros que elijamos entre dos opciones igualmente buenas) incluyen la capacidad de descubrir qué es lo que le transmite una sensación de vida y libertad (1 Corintios 3:17) a nuestro más auténtico ser en Dios. En Deuteronomio Dios se dirigió a toda la compañía de Israel diciendo: «Te he dado a elegir entre la vida y la muerte, entre la bendición y la maldición. Elige, pues, la vida, para que vivan tú y tus descendientes» (Deuteronomio 30:19). Él señala que la sabiduría que nos permite escoger la vida no es algo que encontraremos «por ahí» en el cielo o en algún lugar del otro lado del océano, sino que ese conocimiento está muy cerca de nosotros: en nuestras bocas y en nuestros corazones para que lo obedezcamos (ver Deuteronomio 30:11-14). En otras palabras, se trata de una experiencia visceral, interna al cuerpo.

Cuando establecemos el hábito de prestar atención y responder a aquello que nos transmite vida, el recibir guía y conducción para las decisiones diarias de nuestra vida se convierte en una rutina, y lo mismo sucede en lo que hace a las cuestiones mayores. Nos mantiene en contacto con aquellas cosas más genuinas de Dios, de nosotros mismos y de nuestro mundo, de manera que podamos realizar elecciones que transmiten vida. Entonces, cuando nos vemos ante la necesidad de tomar decisiones importantes, podemos apelar a ese conocimiento y a esa conciencia para obtener la información que nos posibilite la elección.

La capacidad de reconocer la presencia de Dios en todos los aspectos de la vida y responder a ella constituye un hábito y una práctica espiritual que nos mantiene conectados con el propósito mayor de Dios para nosotros y para el mundo en lugar de dejarnos consumir por los intereses propios. Cuando nos ejercitamos en reconocer la presencia y la actividad de Dios, podemos alinearnos más plenamente con lo que Dios hace en cualquier momento dado, ¡y es en ese momento que la vida comienza a volverse realmente fantástica!

LA PRÁCTICA DEL DISCERNIMIENTO

La vida nos plantea permanentemente la necesidad de elegir. A veces las elecciones son trascendentes: elegir un compañero con el que casarnos, decidir en cuanto a la vocación, determinar cuándo tener hijos, ver qué hacer con un matrimonio que no funciona. Otras elecciones no son tan significativas, pero sin embargo resultan importantes porque moldean nuestra vida: dónde continuar nuestra educación, a qué iglesia asistir, si mudarnos o no a una nueva localidad geográfica, de qué manera cuidar a nuestros padres ancianos, determinar cuáles son las expresiones sexuales adecuadas dentro de una relación de noviazgo, cuánto tiempo continuar con un matrimonio que no funciona, si buscar o no una determinada amistad, qué prácticas espirituales considerar más apropiadas para nuestra vida en este momento; todas esas decisiones determinan lo que somos en el presente y las características futuras que iremos adquiriendo.

Cuando enfrentamos las elecciones que nos plantea la vida, tomamos conciencia de otra faceta del anhelo profundo de nuestra alma: queremos estar seguros de que realizamos nuestras elecciones en Dios, que conducimos nuestra vida de acuerdo con el propósito por el que Dios nos colocó en este lugar y en este tiempo en particular. Ansiamos ver nuestra vida como una parte de una totalidad mayor, que contribuye al logro de un gran propósito. Dentro del amplio marco cristiano, anhelamos encontrar nuestra senda personal, la que Dios conoció y determinó para nosotros desde antes de la fundación del mundo. Anhelamos experimentar la presencia de Dios y responder con fidelidad a esa presencia en lugar de vivir nuestros minutos, horas y días desconectados de la realidad espiritual. Por falta de este tipo de visión y propósito, el pueblo perece.

La necesidad de percibir un sentido más profundo en cuanto a nuestras vidas no tiene que ver con un fenómeno de la mediana edad. Según el especialista cerebral Joseph Chilton Pierce, en la temprana adolescencia se aprecia una fuerte corriente cerebral relacionada con una capacidad para el idealismo. La mayor necesidad que tiene un adolescente en lo referido a su desarrollo es encontrar adultos con un modelo de vida significativo que aliente su idealismo. Si no se alienta esta capacidad de idealismo, las personas jóvenes experimentan una profunda frustración. Pierce sugiere que la epidemia de violencia que experimentamos entre los adolescentes viene como resultado directo de un crecimiento cerebral impedido y de un idealismo frustrado por causa de una falta de sentido dentro del mundo adulto con el que se enfrentan. Cuando llegamos a la adultez sin haber descubierto un sentido profundo de significado y propósito a la existencia, la desilusión puede transformarse en un cinismo profundo (a veces muy sutil) y en una indiferencia emocional, ambos muy antitéticos a la esperanza, pasión y fuerza que resultan básicas para la fe cristiana.

FUNDAMENTOS DEL DISCERNIMIENTO

Aunque el discernimiento aparece en la lista de los dones espirituales, también constituye una señal de madurez cristiana. En Romanos 12:1-2 Pablo es muy práctico en cuanto a identificar la capacidad de discernir la voluntad de Dios como un subproducto natural de la transformación espiritual, y Juan instruye a los cristianos en general, diciendo «Probad los espíritus» para ver si son de Dios (1 Juan 4:1 RVR60). Sea que nos consideremos dotados en esta área o no, el discernimiento es un don para todos los que buscan la plenitud de la vida en Cristo.

Para muchos de nosotros, sin embargo, el conocimiento de la voluntad de Dios es un tema cargado de dudas y dificultades. ¿Es posible conocer la voluntad de Dios?, nos preguntamos. ¿Confío en él qué haga lo que es mejor para mí? ¿Cómo puedo saber si lo que he «discernido» es la voluntad de Dios o si simplemente se trata de una manera adecuada de justificar lo que quiero hacer? ¿Cómo les encuentro sentido a esas ocasiones en las que pensé que comprendía la voluntad de Dios pero todo acabó en una gran confusión? Si me resultó difícil confiar en Dios la primera vez, ¿cómo puedo confiar en él de nuevo? Un apreciado amigo suele hacer este comentario: «Para mí, descubrir la voluntad de Dios siempre ha sido como perseguir el Santo Grial. Tengo la impresión de estar acercándome a él, pero permanentemente está fuera de mi alcance».

Al enfrentar preguntas tan sentidas, resulta tentador lanzarnos a hacer una suerte de componenda entre lo que es la toma de decisiones y la voluntad de Dios; pero lo que más necesitamos es *una forma de llegar al discernimiento como práctica espiritual,* que, al igual que toda otra práctica espiritual, nos ofrezca una manera de presentarnos ante Dios disponibles para recibir aquello que solo él puede darnos.

Las Escrituras con claras con respecto a que el discernimiento, cuando es dado, siempre llega como un don.

No podemos forzar el discernimiento, pero podemos encontrar modos de abrirnos a él. No se accede a través de fórmulas o métodos; constituye una forma de estar en la presencia de Dios con decisión y permitirle guiar nuestra comprensión. La capacidad de discernir y hacer la voluntad de Dios surge de la amistad con Dios, cultivada a través de la oración, períodos de escuchar en silencio y una conciencia despierta.

Existen por lo menos tres creencias que resultan cruciales para la correcta práctica del discernimiento. La primera es *creer en la bondad de Dios*. Este puede parecer un punto extraño en el que comenzar (es algo que conocemos desde nuestras primeras clases de escuela dominical) pero la verdad es que muchos de nosotros tenemos problemas en creer en la bondad de Dios hacia nosotros en lo personal. Puede ser que creamos en la bondad de Dios en general, pero cuando se trata de tener la clase de fe en la bondad de Dios que nos permite abrirnos plenamente a su voluntad, cualquiera sea esta..., bueno..., ¡esa es ya una historia diferente!

El poder abrirnos a conocer y hacer la voluntad de Dios requiere que confiemos en que las intenciones de Dios con respecto a nosotros son profundamente buenas. El discernimiento precisa de una *libertad interior*, un estado de apertura total a Dios y la capacidad de renunciar a cualquier cosa que pueda alejarnos de tomar una decisión por Dios. Tiene que ver con esa fe que mantenemos profundamente en el centro de nuestro ser con respecto a que la voluntad de Dios es lo mejor que podría sucedernos en nuestras circunstancias.

Resulta imposible abrirnos por completo a alguien en el que no confiamos, ¡sin mencionar el hecho de que se trata de un Dios a quien no podemos ver y cuyos caminos no siempre entendemos! Inconscientemente (o aun en el nivel consciente), podemos culpar a Dios por alguna de las dificultades y traumas que hemos experimentado. Aunque nos cueste admitirlo, esos traumas y decepciones nos han llevado a preguntarnos: *¿Realmente es bueno Dios? Si me confío a él, ¿no tengo muchas probabilidades de acabar en el lugar en el que* menos deseo estar o de que Dios me prive de aquello que más deseo? *¿No se parece Dios un poco a Lucy, la de la historieta Peanuts, que saca la pelota de fútbol de su sitio justo cuando Charlie Brown se lanza a dar un puntapié con todas sus fuerzas, haciéndolo caer de bruces?*

Si aún no hemos llegado al punto en el que estamos «completamente seguros de que no hay ninguna "trampa", ni límite, en cuanto a la bondad de las intenciones de Dios, o a su poder para llevarlas a cabo», siempre nos vamos a retraer en lugar de abrirnos a conocer la voluntad de Dios.

El segundo bloque fundamental en la construcción del proceso de discernimiento es la confianza de que *el amor constituye nuestro principal llamado*. Ese también puede parecernos un extraño lugar desde el que comenzar, ya que estamos acostumbrados a pensar nuestra trayectoria a través de las decisiones como un ejercicio intelectual que enumera pros y contras. Puede ser que pensemos que nuestras decisiones tienen que ver con detalles como dónde vivir, con quién casarnos, qué empleo conseguir, pero en realidad para los cristianos las elecciones que realizamos tienen que ver siempre con el amor, y con que ellas nos permitan seguir a Dios en amor. Puede haber otros factores a tener en cuenta, pero la cuestión más profunda para nosotros, como pueblo cristiano, es: *¿Qué es lo que el amor requiere de mí en esta situación? ¿Cómo actuaría el amor?*

¿Por qué es que tan pocas veces nos hacemos estas preguntas con respecto a las elecciones que enfrentamos? ¿Qué es lo que nos distrae de amar en las diferentes situaciones en las que tratamos de discernir la voluntad de Dios? No conozco las respuestas que ustedes darían a esas preguntas, pero yo puedo mencionarles algunas de las mías. Por un lado, el amor me resulta bastante inconveniente a veces. Raramente se muestra eficiente. Es mucho más complicado que una simple enumeración de los pros y los contras y luego seguir adelante con el asunto. Además, el amor implica un desafío a mi manera egocéntrica de ser, y a veces requiere dar más de mí de lo que deseo. En ocasiones el amor me produce dolor, o al menos me vuelve vulnerable. El amor es siempre peligroso y no ofrece garantías.

Y sin embargo, el amor es el llamado más profundo de la vida cristiana, el patrón por el que se mide todo en nuestras vidas. Fue el estándar a través del que Cristo se evaluó a sí mismo al final de su vida. «Y habiendo amado a los suyos que estaban en el mundo, los amó hasta el fin» (Juan 13:1). Cualquier proceso de toma de decisiones que falla en cuestionarse acerca del amor, no comprende el sentido de la práctica cristiana del discernimiento. El discernimiento ha sido pensado para llevarnos cada vez más de un modo más profundo al centro de la voluntad de Dios: que sigamos a Dios apasionadamente hacia el amor, aunque nos lleve hasta la misma cruz.

El tercer bloque fundamental de la construcción es creer que *Dios se comunica con nosotros a través del Espíritu Santo, y que el Espíritu nos ha sido dado para ayudarnos a descubrir las demandas que tiene el amor en nuestra situación.* Al final de su vida, Jesús dijo que nos convenía que él se fuera, de modo que el Espíritu Santo pudiera venir y vivir con nosotros, más cercano aun que nuestra propia respiración. Cristo le pidió al Padre que enviara el Espíritu Santo para ser un consejero y guía para nosotros: alguien que nos condujera más profundamente a la verdad aquí y ahora, en la medida en que pudiéramos soportarla. De este modo, el Espíritu Santo iba a ampliar las enseñanzas de Cristo, llevando cada una de ellas más allá del momento en que Jesús la había dado y colocándola dentro del marco particular del momento en el que estamos ahora. El Espíritu nos ha sido dado para ayudarnos a responder al llamado a amar de una manera coherente con nuestra propia personalidad, fluyendo de ella y de los dones y llamado inherentes a nuestra particular situación. Somos llamados a vivir el amor dentro del contexto de nuestro propio destino, tan libre, auténtica e incondicionalmente como lo hizo Cristo.

La práctica del discernimiento presupone una fe teológica muy arraigada en la realidad de la presencia de Dios y en su acción a través del Espíritu Santo en medio de nuestra experiencia diaria. Presupone que la voluntad de Dios continúa siendo revelada según sea necesario y en la medida en que podemos oírla y responder a ella.

CRUZAR EL UMBRAL DEL DISCERNIMIENTO

La práctica del discernimiento comienza con una oración pidiendo indiferencia. Generalmente pensamos en la indiferencia como una actitud negativa que se caracteriza por la apatía y la despreocupación; sin embargo, en el ámbito del discernimiento, la *indiferencia* resulta un término muy positivo, con una gran riqueza de significado. En este caso significa «Soy indiferente a todo lo que no sea la voluntad de Dios». Tiene que ver con un estado de plena apertura a Dios en el que nos sentimos libres de ligazones indebidas con algún resultado en particular, y somos capaces de renunciar a cualquier cosa que nos prive de hacer una elección por amor. Yo he llegado a un punto en el que deseo a Dios y su voluntad más que ninguna otra cosa, más que la gratificación de mi ego, más que verme bien delante de los ojos de otros, más que el tener posesiones personales, alcanzar confort, o lograr ciertas ventajas. Deseo «la voluntad de Dios, nada más, nada menos, y ninguna otra cosa». Para cualquier ser humano llegar a este estado de indiferencia no es algo menor. De hecho, lograr la indiferencia es uno de los aspectos más exigentes del proceso de discernimiento.

María, la madre de Jesús, es uno de los ejemplos más incuestionables de extrema indiferencia o «entrega» a la voluntad de Dios. A pesar de la posibilidad de ser condenada al ostracismo por su comunidad, juzgada duramente por aquellos qué no entendían la voluntad de Dios para su vida, rechazada por su futuro marido, y destinada a sufrir inconvenientes y mucho dolor, su respuesta al ángel que le anunció la voluntad de Dios para su vida fue «Aquí tienes a la sierva del Señor... Que él haga conmigo como me has dicho» (Lucas 1:38).

Hasta que no llegamos al punto de la indiferencia, cualquier oración pidiendo sabiduría puede muy bien ser algo parecido a una elección arreglada de antemano. Sin embargo, no nos es fácil lograr la indiferencia, sobre todo cuando enfrentamos alguna decisión en la que el resultado realmente nos importa o cuando tenemos intereses creados al respecto. En realidad, no hay forma en que lo logremos. Al igual que cualquier otra cosa significativa en la vida espiritual, Dios debe lograrlo por nosotros. Por esa razón todo lo que podemos hacer es orar y esperar. La pregunta más pertinente en este punto del proceso de discernimiento es: ¿Qué es lo que tiene que morir en mí para que aparezca la voluntad de Dios en mi vida? ¿Hay algo que deba dejar de lado para poder abrirme a lo que Dios desea?

Hay momentos en los que la respuesta a esta pregunta requiere de nosotros una especie de muerte. Muerte al yo para que la vida de Cristo pueda nacer más plenamente en nosotros. En esta muerte espiritual rendimos nuestra voluntad para poder abrazar la voluntad de Dios, pero eso es posible solo cuando primero poseemos nuestra propia vida. Es un error pedirle a la gente que se deje crucificar con Cristo antes de que realmente haya afirmado plenamente su vida. Teilhard de Chardin dice que «el primer llamado del evangelio es a utilizar nuestros talentos, a desarrollar nuestros dones y construir nuestra vida humana. Solo entonces tiene sentido un llamado a la total abnegación. Somos llamados a renunciar a todo y volver a entregar nuestra vida totalmente a Dios. Primero debemos poseer esa vida para poder entregarla». Esto constituye al menos una parte de lo que Jesús quiso decir cuando declaró: «Entrego mi vida para volver a recibirla. Nadie me la arrebata, sino que yo la entrego por mi propia voluntad» (Juan 10:17-18). No significa que estemos carentes de deseos propios; más bien es que hemos llegado a un punto de profunda confianza en la bondad de Dios con respecto a nosotros y deseamos su voluntad más que ninguna otra cosa. La disposición a hacernos esta pregunta puede introducirnos a un período de espera en el que sabemos que no podemos lograr por nosotros mismos aquello que resulta más necesario que ninguna otra cosa. Todo lo que le podemos decir a Dios es «Yo sé que no soy indiferente. Sé que todavía hay en mí algo que se aferra a mi propia agenda. Si es que me tengo que volver indiferente, tú tendrás que hacerlo en mí». Este período de espera puede parecernos muy oscuro. Pero, extrañamente, también lo sentiremos como correcto, como si estuviéramos en el lugar en el que deberíamos estar.

El avance hacia la indiferencia constituye el umbral entre dos mundos: la esfera humana de toma de decisiones y la esfera del discernimiento de la voluntad divina. En esta sala de espera del alma percibimos que estamos listos a orar la segunda oración, la oración pidiendo sabiduría. «Si a alguno de ustedes le falta sabiduría, pídasela a Dios, y él se la dará, pues Dios da a todos generosamente sin menospreciar a nadie» (Santiago 1:5). Aquí es donde comenzamos a comprender por qué la oración pidiendo indiferencia era tan importante: la sabiduría de Dios es locura para este mundo. Las personas con discernimiento pueden reconocer la guía de Dios a veces por el mero hecho de que, para algunos observadores, parecería ser locura en un cierto nivel. Pero debido a que hemos llegado a un punto de indiferencia, no nos preocupa. Cuando ya hemos muerto a la necesidad de parecer sabios ante los ojos de los demás, o demostrar nuestro valor según patrones humanos, finalmente estamos en condiciones de pedirle sabiduría a Dios y de recibirla.

NOTAR SIN JUZGAR

La mayoría de nosotros estamos acostumbrados a observar lo obvio cuando tomamos decisiones: las circunstancias, el significado claro de ciertas escrituras pertinentes, el consejo de amigos que son sabios en el Señor, la sabiduría contenida por nuestra tradición de fe. Todo eso constituye el marco básico de nuestra vida cristiana, y se presupone que tomemos las decisiones dentro de ese marco. Ernest Larkin, sin embargo, llama a eso una «pre-espiritualidad». El discernimiento nos pide ir más allá de los elementos básicos de la vida cristiana para notar nuestras dinámicas internas también: dinámicas tales como el deseo y el llamado, la consolación y la desolación. Esas dinámicas son sutiles, pero nos proporcionan pistas con respecto a que la elección que estamos considerando realizar vaya o no a nutrir la vida que hay en nosotros: la vida de Cristo vivida en y a través de nuestro más auténtico yo.

La voluntad de Dios se hace manifiesta en esa profundidad dentro de nosotros en la que mora el Espíritu y en la que él da testimonio a nuestro espíritu acerca de las cosas que son verdaderas (Romanos 8:16). El autor cuáquero Thomas Kelly llama a esto la luz de adentro.

> Muy profundamente dentro de nosotros hay un sorprendente santuario interior del alma, un lugar santo, un centro divino, una voz que habla, al que podemos regresar continuamente. La eternidad está en nuestros corazones, presionando sobre nuestras vidas despedazadas por el tiempo, advirtiéndonos con intimidaciones acerca de un sorprendente destino, y llamándonos a regresar a casa, a nosotros mismos. Rendirnos a esas persuasiones, someternos gustosamente en cuerpo y alma, absoluta y completamente a la luz de adentro es el comienzo de la vida verdadera.

Una vez que hemos estado escuchando esos patrones de consolación y desolación por un buen tiempo, comenzamos a entrar en contacto con nuestra orientación y deseo más profundo, esa esencia de nosotros que Dios conocía desde antes de que siquiera fuéramos creados en una forma física. Existen deseos que son profundos, verdaderos y fundamentales en nuestro ser en Cristo; esos son los «deseos de tu corazón» que Dios promete que concederá (Salmo 37:4), aunque a menudo de una manera diferente de lo que podríamos haber imaginado. En esos deseos se revela una profunda orientación para la vida, y cuando nos ponemos en contacto con ellos descubrimos la dirección de Dios para nuestra vida. Esto generalmente tiene que ver con nuestro llamado, el propósito por el que Dios nos ha creado. Forma parte de nosotros, se trata de una pasión o una carga que llevamos y que solo nos pertenece a nosotros, y no puede dejársela de lado o ser ignorada livianamente.

Jeremías reconocía eso en relación con su llamado como profeta. Hacia la mitad de su libro, Jeremías ya se hallaba completamente desilusionado de su vida como profeta, ¡y tenía buenas razones para ello! Con frecuencia era portador de malas noticias; fue llamado a ilustrar su mensaje de maneras que lo hicieron parecer un tonto o que lo dejaron mal parado, y lloró mucho, lo que no resulta divertido para nadie. Las cosas se pusieron tan mal, que más adelante llegó a pensar que Dios lo había engañado, llamándolo a algo lleno de dificultades, y determinó que no continuaría en ese camino. Pero el ser profeta constituía una parte tan esencial de lo que él era que no pudo dejarlo de lado.

Si digo: «No me acordaré más de él,
ni hablaré más en su nombre»,
entonces su palabra en mi interior
se vuelve un fuego ardiente
que me cala hasta los huesos.
He hecho todo lo posible por contenerla,
pero ya no puedo más (Jeremías 20:9).

Hay algo de eso en todos nosotros; algo tan esencial a lo que somos y a lo que Dios planeó que fuéramos, que no podemos dejarlo de lado sin hacer implosión. A esa clase de verdades interiores hace falta que el discernimiento les preste atención. Debemos tener la capacidad de escuchar a cada parte de nosotros mismos sin emitir juicios: a los hechos racionales y objetivos y a los sentimientos de consolación y desolación que son más profundos que las emociones superficiales. Debemos estar dispuestos a prestar atención a las cuestiones conscientes y también a las cuestiones inconscientes que se presentan en un sueño o se deslizan en una conversación antes de que tengamos oportunidad de editarlas. Debemos escuchar a la agitación interior y al lenguaje de nuestro deseo y ser capaces de distinguir nuestros deseos de las cosas que queremos y creemos que deberíamos tener en nuestra vida. «Los deseos son míos; los deberes, de algún otro».

REUNIR Y EVALUAR LOS DATOS

En la esfera de la transformación espiritual, las preguntas que queremos hacernos son más importantes que las respuestas que creemos conocer. En ningún otro momento resulta más cierto que cuando nos vemos comprometidos con el discernimiento. Hay muchas preguntas que pueden ayudarnos a reflexionar objetivamente acerca de los hechos, y logramos mejores perspectivas de las dinámicas más profundas que se ponen en juego al tomar decisiones cuando reflexionamos en ellas en la presencia de Dios. Es importante resistir la tendencia a acercarnos a esa preguntas de un modo lineal y académico, como si tratáramos de completar una tarea asignada; más bien tenemos que acercarnos a ellas como una práctica espiritual, pidiéndole a Dios que nos lleve hacia aquellas personas que puedan ayudarnos a poner claridad dentro de nuestra situación. Según las diferentes ocasiones, serán distintas las preguntas que resuenen y nos conduzcan a prestar atención a las maneras en las que Dios se hace manifiesto dentro de nuestro ser.

- **Dirección y llamado:** ¿De qué modo encaja esta elección con la dirección y el llamado general de Dios sobre mi vida? (Recordemos la experiencia de Jeremías en cuanto al llamado.) ¿Hay alguna palabra que resuma mi sentir con respecto al llamado en estos días?
- **Consolación y desolación:** ¿Qué elección me produce mayor sentido de vida, paz interior y libertad (Juan 10:10; 2 Corintios 3:17)? ¿Está creciendo mi sentir en cuanto a integridad, autenticidad y congruencia con respecto a lo que soy en Dios? ¿Puede ser que esta decisión me aleje de Dios?
- **Las Escrituras:** ¿Hay alguna escritura en particular que Dios me haya dado en relación con esta elección? ¿Qué es lo que me quiere decir?
- **La vida de Cristo:** ¿Esta elección es coherente con lo que yo sé con respecto a la mente y el corazón de Cristo y sus propósitos redentores en el mundo?
- **Crecimiento y desarrollo del carácter:** ¿De qué modo el rumbo que estoy tomando nutre el fruto del Espíritu en mí, particularmente el fruto del amor? ¿Qué requiere de mí el amor? ¿Qué es lo que Dios está haciendo con respecto a mi carácter y crecimiento espiritual? ¿Esta elección colabora a nutrir ese crecimiento?
- **Perspectiva eterna:** ¿Esta elección refleja el valor de lo eterno y permanente, y reafirma los valores más profundos en lugar de centrarse en lo transitorio y temporal? Cuando esté en mi lecho de muerte, ¿qué elección desearé haber hecho?
- **La comunidad:** ¿De qué modo encaja esta elección con lo que observan los demás con respecto a lo que soy y a lo que Dios está haciendo en mi vida? ¿Estoy dispuesto a abrir cada faceta de esta decisión ante algún amigo espiritual en el que confío para recibir su sabiduría y perspectiva? ¿Hay algo dentro de la amplia tradición de la fe cristiana que me pueda ayudar a conformar una decisión?

Cuando llegamos a un punto en el que se precisa discernimiento en un modo especial, es posible que necesitemos una soledad mayor para tener el tiempo y el espacio requeridos para escuchar en silencio estas preguntas y otras similares. Jesús mismo separaba tiempos de soledad para dedicarse con intensidad a la oración y a escuchar a Dios en puntos clave de decisión en su vida. El mismo comienzo de su ministerio público se produjo como resultado de oír la voz de su Padre confirmando su identidad como hijo amado. En Mateo 4 lo encontramos en el desierto luchando con algunas tentaciones sutiles con respecto a su llamado. ¿Llevaría a cabo aquello a lo que era llamado de acuerdo con la comprensión que tenía de Dios, o seguiría una trayectoria que parecía tener más sentido desde un punto de vista humano? En Lucas 6 nos encontramos con la decisión de Jesús de pasar la noche solo en oración antes de elegir a sus discípulos clave, lo que ciertamente constituyó una de las decisiones más importantes de su ministerio. Lucas 22 registra otra noche pasada por él en soledad, en la que Jesús batalló con su decisión de ir a la cruz. En el Jardín de Getsemaní derramó su corazón delante de Dios, y no se detuvo hasta que acabó de pasar por toda esa lucha, y alcanzó la certeza de que era la voluntad de Dios y de que él estaba dispuesto a someterse a ella. Si Jesús sintió la necesidad de la presencia de Dios en la soledad como contexto de discernimiento, con seguridad es lo que nosotros necesitamos también.

BUSCAR LA CONFIRMACIÓN INTERIOR

En algún punto descubrimos que hay un camino por delante que nos comienza a resultar claro. Puede haber también algún par de opciones que nos parezcan buenas. Entonces Dios nos invita a realizar nuestra elección (por lo menos interiormente) y buscar la confirmación adentro. De nuevo tenemos que descansar en las dinámicas de consolación y desolación. Hacemos una elección dentro de nosotros primero y nos tomamos un tiempo para vivir con nuestra elección en privado y corroborar si tenemos un sentir de que es correcta, un sentir de que estamos en armonía con nosotros mismos, con la persona según fue creada por Dios y la persona que deseamos ser. Puede tomarnos varios días vivir así, habiendo tomado una cierta decisión y esperando a ver si nos produce una sensación de vida y de vigor sostenido.

Durante ese tiempo podemos preguntarnos cuál es la expresión más real y auténtica del Espíritu en nuestra vida y a través de ella *en este tiempo*. Resulta importante reconocer en qué lugar de nuestro ser descansa esta paz y consolación. ¿Está la esfera de nuestro yo en paz por haber elegido algo que mantiene nuestro ego al control? ¿Es la veta de temor en nosotros la que está en paz, porque hemos elegido una senda que nos hace sentirnos seguros y a salvo? ¿O acaso esta paz reside en las partes más profundas y verdaderas de nosotros mismos, esas partes que tienen la capacidad y la disposición de entregarse completamente a Dios? Si intentamos decidir entre dos opciones, podemos tomarnos varios días para andar por ahí como si hubiéramos elegido la otra opción y notar como funcionan las mismas dinámicas.

Cuando les prestamos atención a esas diferentes dimensiones de nuestro ser, comenzamos a comprender que esta manera de discernir...

- depende mayormente de nuestra madurez espiritual y psicológica. Si somos ambivalentes y estamos divididos por emociones caóticas o condiciones neuróticas, nuestro estado afectivo no nos proporcionará ninguna guía positiva. Nuestra tarea será entender nuestra condición y poner orden y disciplina en nuestra vida afectiva. Y cuando lleguemos a lograr esa disciplina, en la medida en que estemos «muertos y nuestra vida esté escondida con Cristo en Dios», [el discernimiento] se volverá más real.

¡SOLO HAGÁMOSLO!

Una vez que le hemos pedido sabiduría a Dios y que tenemos claridad sobre el paso que sigue para cumplir con la voluntad de Dios en nuestra vida (¡Dios raramente nos muestra más allá del próximo paso!), no nos queda más que obedecer esa voluntad de la mejor manera en que podamos. Eso incluye hacer planes y trabajar denodadamente para implementar esos planes, pero ahora todo ese planeamiento se realiza con el sentir de que Dios está él, que nos dirige a lo largo del camino, y que estamos conectados con su propósito más amplio para nuestra vida.

El discernimiento implica riesgos, y no nos da garantías de nada; nunca estaremos seguros por completo de que hemos discernido todo correctamente. Somos, después de todo, seres limitados y caídos. Pero podemos saber con certeza que Dios está con nosotros, que nuestro deseo de agradar a Dios en realidad le agrada, y que nunca nos dejará ni nos desamparará. Y eso es lo más importante que necesitamos saber.

EL DISCERNIMIENTO COMO MODO DE VIDA EN DIOS

Finalmente, el discernimiento tiene que ver con enamorarnos y permitir que eso sea lo que defina todo. Tiene que ver con enamorarnos tan profundamente de Dios que nada más nos importe. Se relaciona con confiar tanto en Dios que todo lo que deseamos en esta vida es abandonarnos a la bondad de su voluntad. Está relacionado con conocer a Dios de una forma tan íntima que podemos decir qué es lo que él desea simplemente por dirigir nuestro corazón hacia él. Tiene que ver con amarnos a nosotros mismos, a Dios y a los demás tanto que estemos dispuestos a esperar hasta comprender aquello que el amor nos llama a hacer y luego entregarnos a su realización, aunque nos implique un costo.

Nada es más práctico que encontrarnos con Dios, que enamorarnos de él de una manera absoluta y total. Aquello de lo que nos enamoramos, que atrapa nuestra imaginación, termina afectando todo lo demás. Determinará lo que nos saque de la cama por las mañanas, lo que hagamos por las noches, la manera en que empleemos nuestro fin de semana, lo que leamos, a quiénes elijamos conocer, lo que nos rompa el corazón y lo que nos sorprenda de gozo y gratitud. Enamórate, permanece en ese amor, y él decidirá todo.

PRÁCTICA

Parte 1: El hábito del discernimiento

Como forma de cultivar el hábito del discernimiento, utiliza algunos momentos de tu tiempo en soledad para notar las dinámicas de la consolación y la desolación. Esta clase de conciencia puede incorporarse fácilmente a las prácticas de examen que analizamos en el capítulo anterior. El siguiente ejercicio ha sido adaptado de *Sleeping with Bread* [Dormir con el pan], de Denis Linn, Sheila Fabricant Linn y Matthew Linn.

Pídele a Dios que te traiga a la memoria un momento de los últimos días por el que estás muy agradecido. ¿Cuándo pudiste dar y recibir amor con mayor fluidez? ¿Cuál de los momentos te pareció más lleno de vida? ¿Qué es lo que se dijo o hizo que lo convirtió en transmisor de vida para ti?

Pídele a Dios que traiga a tu memoria un momento de los últimos días por el que sientes la *menor* gratitud. ¿Cuándo te resultó más difícil dar y recibir amor? ¿Cuál de los momentos pareció vaciarte de vida? ¿Qué es lo que se dijo o hizo que provocó ese drenaje?

¿Qué sabiduría, nuevas perspectivas o preguntas provoca en ti el tomar conciencia de eso? ¿De qué modo puede invitarte Dios a que incorpores a tu vida más de aquello que te transmite vida y menos de aquello que te vacía de ella?

Agradece a Dios por su presencia contigo en este momento, y por la sabiduría y guía que puedas haber recibido, o por las preguntas que puedan haber surgido.

Parte 2: La práctica del discernimiento
¿Enfrentas en este momento una toma de decisión que te garantice entrar al proceso de discernimiento? Si es así, identifica la pregunta o el tema de elección por el que estás buscando sabiduría de parte de Dios, y avanza a través del proceso descrito en este capítulo. Puede llevarte días, semanas o aun meses, según la magnitud de la decisión con la que te enfrentes.

Recuerda que aunque la oración por indiferencia y la oración para recibir sabiduría inician el proceso del discernimiento, el orden del resto de los elementos no es necesariamente lineal. Puedes experimentarlos dentro de una mezcla creativa y trabajarlos juntos de diferentes maneras, mientras continúas llevando tu decisión ante la presencia de Dios y prestando atención a las perspectivas que te surgen. Probablemente necesites ampliar tus períodos de soledad para poder contar con tiempo y espacio para trabajar los diferentes elementos descritos en este capítulo.

Identifica el asunto o la pregunta que requiere discernimiento, y descubre si tienes confianza en las buenas intenciones de Dios para contigo en esa área y si sientes que puedes confiar en él. Nota hasta qué punto estás entregado a amar en este momento y si tienes confianza en que la presencia del Espíritu Santo te va a guiar. Dedica tiempo a estar con Dios llevando contigo aquello que es más genuino en ti con respecto a estos bloques fundamentales para construir el discernimiento.

Descubre si te has vuelto indiferente a todo lo que no sea la voluntad de Dios. Si no es así, cuéntale a Dios con respecto a tus preocupaciones, a tu inhabilidad para deshacerte de ellas, a tu ligazón con ciertos resultados en particular, y pídele que te ayude a volverte indiferente a todo eso. Espera en Dios al respecto; cuando hayas logrado desprenderte de los resultados que esperas, ora y pídele a Dios sabiduría (Santiago 1:5).

Tómate un tiempo (días, o semanas, lo que te lleve) para descubrir esas cosas sin juzgarlas y toma nota en tu diario de todo lo que descubras. Evalúa el sentido de lo que vas descubriendo y reflexiona sobre las preguntas de este capítulo que más te llaman la atención. Cuando sientas que ya has reunido la suficiente información, tal vez desees hacer una síntesis, o hablar sobre lo que estás descubriendo con un amigo espiritual, pidiéndole que te dé su opinión.

Cuando una o dos posibilidades se te vuelvan claras, busca la confirmación interior tomándote varios días para «moverte por ahí como si» ya hubieras tomado una decisión en particular y procura detectar si hay en ti una sensación de paz interior y libertad.

Cuando llegues a experimentar una sensación de paz con respecto a una de las elecciones o a una dirección en particular, tómala o síguela sabiendo que Dios está contigo y que él va a completar la obra que ha comenzado en ti.

«Señor mi Dios: No tengo idea de hacia dónde me dirijo. No veo el camino adelante de mí. No puedo saber con certeza a dónde me lleva. Ni siquiera realmente me conozco a mí mismo. Y el hecho de que piense que te estoy siguiendo no implica que realmente lo esté haciendo. Pero creo que mi deseo de agradarte realmente te agrada. Y espero tener ese deseo en todo lo que haga. Espero no hacer nunca nada fuera de ese deseo y sé que si actúo así tú me dirigirás por el camino correcto, aunque no conozca nada de él. Por lo tanto, confiaré siempre en ti a pesar de que parezca estar perdido y en sombras de muerte. No temeré, porque tu siempre estarás conmigo, y nunca me dejarás enfrentar mis peligros solo».

THOMAS MERTON,
THOUGHTS IN SOLITUDE [Pensamientos en soledad]

8

EL DÍA DE REPOSO

Establecer ritmos de trabajo y descanso

Si dejas de profanar el sábado,
y no haces negocios en mi día santo;
si llamas al sábado «delicia»,
y al día santo del Señor, «honorable»;
si te abstienes de profanarlo,
y lo honras no haciendo negocios
ni profiriendo palabras inútiles,
entonces hallarás tu gozo en el Señor;
sobre las cumbres de la tierra te haré cabalgar.

ISAÍAS 58:13-14

Varios años atrás fui atropellada por un automóvil mientras iba en mi bicicleta. En realidad, se trataba de una pequeña camioneta conducida por un anciano cuyos reflejos ya no eran lo que acostumbraban ser. Él se hallaba detenido, esperando salir de un estacionamiento, y yo crucé por el sendero para bicicletas que pasaba por frente de él. En lugar de permanecer parado y concederme el derecho de pasar primero, él comenzó a salir justo cuando yo cruzaba por allí.

Fue uno de esos momentos que parecen desarrollarse en cámara lenta: Yo ví lo que estaba a punto de suceder pero no pude hacer nada por detenerlo. Chocamos; yo caí, y las ruedas de adelante me pasaron por encima de las piernas (que todavía estaban enredadas en la bicicleta); en realidad se detuvieron sobre ellas. Él intentó hacer marcha atrás, pero las ruedas traseras giraron en falso porque no tenían tracción. Se produjo un momento de calma total y me vino un pensamiento claro: *Espero que este automóvil salga de encima de mí, porque me está lastimando.*

Para acortar la historia, el hombre pudo retroceder la camioneta y quitármela de encima, pero quedó tan aturdido por lo que había sucedido que se bajó del vehículo y comenzó a vagar por la calle sin saber qué hacer. Afortunadamente, «por casualidad» pasaba por allí una ambulancia, así que los paramédicos bajaron, me levantaron del pavimento, me colocaron en la ambulancia y me llevaron a toda velocidad hasta la sala de emergencias. En medio de lo que podía haber resultado un accidente devastador, yo terminé con solo algunos cortes y magullones y un tobillo fracturado.

La primera sensación que tuve al encontrarme de nuevo en casa fue de euforia. Si se hubiera producido una diferencia de fracción de segundos, el vehículo podría haber pasado por encima de todo mi cuerpo y no solo de mis piernas, así que me sentía agradecida de estar viva y entera. Los médicos manifestaron sorpresa por el hecho de que mis piernas se mantuvieran enteras bajo el peso del vehículo. No necesito decir que mi familia se sentó en torno de mí con una mirada de alivio, dándose cuenta de que el resultado bien podría haber sido otro.

Pero poco después el alivio dio paso a otros niveles de conciencia. Un amigo, luego de expresarme su preocupación, comentó riendo: «Ruth, ¿cuándo vas a aprender que al andar en bicicleta no debes llevarte por delante una camioneta?» Otro amigo, preocupado porque yo no me tomaba el tiempo necesario para recuperarme plenamente, me dijo: «Tú sabes que deberías tomarte algunos espacios de descanso; ¡lo único que has conseguido fue ser atropellada por un automóvil!» Y luego apareció una frase de Wayne Muller, de su libro *Sabbath* [El día sabático] que comenzó a girar alrededor de mi cabeza como una de esas moscas pesadas que zumban y se chocan contra el vidrio de una ventana: «Cuando no permitimos que se establezca un ritmo de descanso en nuestras vidas demasiado activas, la enfermedad se convierte en nuestro sábado, o sea en nuestro día de reposo: la neumonía, el cáncer, un ataque cardíaco o un accidente se encargan de crear un día de reposo para nosotros.»

No quería escuchar eso. No quería considerar el hecho de que quizás ese accidente (aunque no había por qué culpar a Dios) fuera una manera en la que el Señor intentaba decirme algo. No quería admitir que fuera posible que a Dios le estuviera costando lograr mi atención. No deseaba enfrentar el hecho de que durante años no había alcanzado a ver más allá de mis narices en lo que hacía a mis limitaciones humanas, y había actuado como si estuviera más allá de la necesidad de un día de reposo. (Ese podría ser un lindo pensamiento para gente que ya se ha jubilado, o para personas que están desocupadas; pero yo era uno de aquellos que *necesitaban* el sábado.)

La otra mitad de la verdad es que, hasta ese momento, en realidad no había tenido disposición de pensar en los anhelos y en la sensación de imposibilidad que la idea de un día de reposo despertaban en mí. El día sabático era algo acerca de lo que tenía conocimiento y sobre lo que había leído (y francamente se trataba de una de las lecturas más perturbadoras que hubiera realizado). Los escritos referidos al día de reposo eran los únicos que me hacían llorar, porque despertaban en mí anhelos y a la vez tristeza, dado que no tenía idea sobre cómo hacer que eso sucediera de un modo significativo en mi vida. Las descripciones de Muller con respecto a las prácticas que se llevan a cabo el día sabático me movilizaban tanto que solo pude leer su libro de a pequeñas porciones.

Encendamos una vela, estando solos o con amigos. Que cada uno hable acerca de las cosas que quedan por hacer, y a medida que la vela se consume, permitamos que las preocupaciones se desvanezcan. No estés ansioso por el mañana, dijo Jesús. Las preocupaciones de hoy son suficientes para este día. Lo que falte por hacer, por ahora, dejémoslo ahí. No se hará esta noche. Durante el tiempo del día sabático, quitamos las manos del arado, y le permitimos a Dios y a la tierra que se ocupen de lo que haga falta. Dejemos que las cosas simplemente sean...

Instrucciones amables de este tipo me resultaban casi más de lo que podía soportar. Nada en mi vida era así de suave y dulce.

Algo acerca de la belleza, bondad y concreción de todo esto perforaba mi autosuficiencia y derretía la dureza de mi activismo; todo lo que deseaba hacer era tirarme al piso y adorar al Dios que había pensado en hacernos semejante regalo. Todo lo que podía hacer era lagrimear por la belleza de estas verdades y actos simbólicos; llorar a causa de que tan pocos de nosotros (y yo menos que ninguno) teníamos el coraje de vivir de esta manera tan hermosa. ¡Qué cosa maravillosa sería lograr que los ritmos de nuestra vida regularmente nos condujeran a un espacio de confianza tan profundo que nos permitiera descansar de todo. ¿Qué llegaríamos a ser, qué llegaría a ser yo, si pudiéramos confiar de este modo durante veinticuatro horas una vez a la semana?

Tampoco quería luchar con estas cuestiones porque sabía que entonces el sábado se establecería en mi vida. Hasta ese momento, el domingo era cualquier cosa menos un día de descanso para nuestra familia. Enfrentémoslo: para la gente de la iglesia, se trata de un día con muchos servicios programados, con encuentros de jóvenes, reuniones de comisión, clases preparatorias para la membresía y encuentro de grupos pequeños que agotan a todos y hacen que los miembros de la familia entren y salgan de la casa todo el día. Para los consumidores, el domingo es un día de compras. Para la gente que trabaja, se trata de un tiempo para ponerse al día y hacer todos los mandados y tareas hogareñas que no logran realizar durante la semana. Para los atletas y sus familias, es un día de preparar sillas plegables, bolsos y botellas de agua y viajar a lugares lejanos en los que se llevan a cabo eventos deportivos. Simplemente no podía definir de qué manera intentar incorporar esta disciplina tan radical a mi vida en medio de una cultura que no sabe nada de separar un día entero para descansar y deleitarse en Dios. ¡Qué complicada lata de gusanos estaba a punto de destapar!

ESCUCHAR LO QUE DICEN NUESTROS ANHELOS

La verdad es que el guardar el sábado es una disciplina que nos va a complicar, porque una vez que avanzamos más allá de pensar sobre el asunto y comenzamos a practicarlo, las bondades que tiene nos cautivan en cuerpo, alma y espíritu. Vamos a anhelar despertarnos cuando tengamos por delante un día que se presente ante nosotros con nada que hacer sino solo descansar y deleitarnos. Vamos a anhelar descubrir una manera simple de volver nuestro corazón a Dios en adoración sin tener que realizar muchos esfuerzos. Vamos a anhelar un espacio en el tiempo en el que el paso se vuelva lento y la familia y los amigos se queden y permanezcan unos con otros, disfrutando la presencia unos de otros porque nadie tiene un lugar distinto al que ir.

Anhelaremos sentarnos en nuestro propio sofá o en nuestra propia terraza simplemente porque son nuestros, porque constituyen un regalo de Dios y a menudo pasan desapercibidos en medio de la prisa demandante de las cosas. Ansiaremos el día en el que podamos deslizarnos de nuevo en la cama para dormir una siesta después del mediodía, que se vuelve aún más deliciosa porque pertenece a este día en que sabemos que estamos haciendo exactamente lo que Dios desea que hagamos. (¡Esta es la ocasión en la que hacer lo que «deberíamos» o lo que «tendríamos que hacer» resulta algo maravilloso!) Vamos a anhelar esa caminata de placer o ese paseo en bicicleta. Desearemos la experiencia de poder preparar nuestras comidas favoritas y compartirlas con las personas que amamos. Anhelaremos leer un libro solo por placer.

Ansiaremos encender velas y leer las Escrituras y agradecer a Dios desde el fondo de nuestro corazón. Anhelaremos sentir la quietud y la paz que se instalan sobre nuestra casa mientras nosotros y nuestra familia aprendemos una nueva manera de estar juntos delante de la presencia de Dios. Y desearemos que algunos más comprendan la belleza del tiempo sabático y lo practiquen con nosotros. Anhelaremos una comunidad cuyas tradiciones nos permitan honrar el día de reposo en lugar de convertirlo en un día de activismo cristiano. Anhelaremos que se establezca un ritmo de trabajo y descanso con el que podamos contar.

Durante la semana, todo nuestro ser se dirigirá hacia el día de descanso con pensamientos como: *Sé que puedo enfrentar todo porque tengo por delante el día de descanso.* Y emergeremos del día de reposo con nuevas fuerzas y esperanza, con pensamientos como: *Puedo enfrentar mi vida ahora porque he descansado.* El día de reposo (o día sabático) se convertirá en el centro de nuestra semana, el punto clave de nuestros ritmos espirituales. Y cuando se nos robe aunque sea una hora de él, lo experimentaremos como una pérdida. Y cuando dejemos de guardarlo, nos sentiremos dolidos.

O por lo menos eso es lo que me sucede a mí.

EL DÍA DE REPOSO: UN SANTUARIO EN EL TIEMPO

Guardar el día de reposo es más que simplemente tomarse un día de descanso; es un modo de ordenar la vida de uno en torno a un patrón que implica el trabajar seis días y luego descansar el séptimo. Es una forma de acomodar nuestra vida como para respetar el ritmo de las cosas: trabajo y descanso, fecundidad y letargo, dar y recibir, ser y hacer, activismo y entrega. El día mismo se separa, se dedica completamente al descanso, a la adoración y al deleite en Dios, pero el resto de la semana debe vivirse de tal manera que haga posible el día sabático. El trabajo remunerado debe ser restringido a cinco días por semana. Las tareas hogareñas, las compras y los mandados tendrán que completarse antes del día de reposo, o de lo contrario deberán esperar hasta después. Precisamos tomar decisiones valientes con respecto al trabajo y a los deportes, a la iglesia y a los emprendimientos comunitarios.

Al considerar la realización de esos cambios, es importante que nos demos cuenta de que este patrón de devolverle la séptima parte de nuestro tiempo a Dios está entretejido profundamente en la trama de la tradición cristiana y se puede encontrar en cierta medida en la mayoría de las tradiciones espirituales del mundo. Se trata de un patrón que Dios mismo estableció al realizar la obra de la creación, y se incorporó de tal modo a la tradición judía que estructuró toda la existencia de los judíos como nación.

Para el pueblo judío, la observancia del sábado comenzaba el viernes al atardecer y acababa en la nochecita del sábado, lo que les proporcionaba un santuario en el tiempo aun durante las épocas de su historia en las que no contaron con un santuario físico. La práctica de guardar el sábado santa y completamente separado estuvo y aún está en el corazón mismo de su identidad nacional. Más allá del mero deber u obligación, ellos aun cuentan con palabras especiales y metáforas para expresar una emoción que es casi demasiado profunda como para ser transmitida: el amor por el sábado. Esta es la misma emoción que encontramos en la literatura medieval en referencia con el amor galante que los caballeros sentían por sus damas.

Por supuesto, todos hemos oído, y aun experimentado, el extremo en el que cayeron al llegar a vivir el sábado sin gozo, cargado de prohibiciones severas y rituales sombríos. Pero eso constituye solo una distorsión humana. Los antiguos rabinos sabían que aunque el sábado demandara «toda la atención del hombre, su servicio y devoción de completo amor... el sábado era el presente más valioso que la humanidad hubiera recibido jamás de la casa de los tesoros de Dios». Acerca del lugar del sábado en la tradición judaica, Abraham Heshchel escribe: «Era como si un pueblo entero se hubiera enamorado del séptimo día».

Comprendo su emoción, porque yo también la he sentido. En la iglesia cristiana hemos pasado nuestro día de adoración al domingo, en conmemoración semanal de la resurrección de Cristo; es una gran idea, pero obviamente algo se nos ha perdido en esta transición. La mayoría de los cristianos ni siquiera piensan en la resurrección en un domingo corriente, y ciertamente no hemos creado ningún tipo de santuario en el tiempo que nos provea un día entero de descanso y deleite en Dios.

Lauren Winner, una mujer convertida del judaísmo, señala la diferencia entre el domingo cristiano y el sábado judío tal como ella la percibió un domingo por la tarde luego de ir a la iglesia. Al visitar su cafetería favorita, se encontró con un libro sobre la conversión de una mujer al judaísmo. De este modo describe el autor de ese libro la experiencia de ella con el sábado: «El sábado no es comparable a ninguna otra cosa. El tiempo tal como lo conocemos no existe para esas veinticuatro horas, y las preocupaciones de la semana pronto se desvanecen. Aparece en su lugar un sentimiento de alegría. El más pequeño de los objetos, una hoja o una cuchara, brilla bajo la suave luz, y el corazón se abre. El sábado constituye una meditación de increíble belleza».

Winner contrasta eso con su propia experiencia de encontrarse sentada en la cafetería Mudhouse la tarde de ese domingo. «No se trataba de un día de trabajo común, de modo que me sentía de algún modo más relajada que el lunes por la mañana», señala. «Pero no era el sábado, el día de reposo. Nan Fink lo definió exactamente: El sábado no es comparable a ninguna otra cosa. Y es el sábado, sin lugar a dudas, la parte del judaísmo que más extraño... El día de reposo, el sábado, es la unidad del tiempo cristiano, el día en el que la iglesia intenta dedicarse a reverenciar a Dios y a descansar de sus labores.

Y sin embargo, esta tarde de domingo me encuentra sentada en una cafetería, gastando dinero, escribiendo notas en los márgenes de mi libro, muy metida en "el tiempo tal como lo conocemos" sin tener ninguna certeza de haber abierto mi corazón en algún sentido».

También conozco ese sentimiento, porque lo he experimentado.

El domingo pasado, solo hace unos días, intentamos desesperadamente crear un espacio para un tiempo sabático en medio de la existencia ajetreada de la familia y pudimos lograr apenas dos horas en las que estar juntos para sentir la vida de un modo distinto a lo cotidiano. Las actividades de la iglesia, una reunión de una de las hijas con un ministerio que está comenzando, el partido de básquetbol de otra de ellas (la final de un campeonato, por supuesto), los planes de viaje de la que faltaba mencionar, un compromiso de trabajo de mi marido y mi propia fecha de entrega de un libro se combinaron para volver el día sabático imposible. Solo tuvimos que quedarnos con dos horas para cenar juntos, y aun eso resultó posible porque varios de nosotros cambiamos nuestros horarios y cancelamos cosas. Fue muy deleitoso estar juntos, pero no pudimos alcanzar esa calidad que tiene el sábado que es separado, en el que el tiempo mismo cambia, y en el que podemos instalarnos en una modalidad de ser más amables y buenos y sentir que nuestros corazones se vuelven más abiertos y blandos.

Hay una diferencia. Porque yo también he experimentado gozo y alivio completos cuando el día sabático se vuelve posible, cuando la casa ya está limpia, la comida especial ya se ha comprado, la computadora se apaga, se completa el último compromiso (o se lo deja en espera), se encienden las velas o el hogar, y llega el tiempo de parar, sea que hayamos concluido con todo o no. Sé lo que es descansar durante horas hasta que tengo las fuerzas para deleitarme en algo: sea la buena comida, un buen libro, una caminata de placer, una conversación largamente esperada con alguien que amo. Sé lo que es experimentar que la alegría, la esperanza y la paz regresan a mi cuerpo y alma aunque yo haya pensado que nunca volverían. Yo sé lo que es poder mirar mi hogar y a mis hijas a través de los ojos sabáticos del disfrute. Sé lo que es que el descanso se convierta en deleite, y el deleite en gratitud, y la gratitud en adoración. Sé lo que es recuperarme tan completamente que luego puedo, por la gracia de Dios, entrar en mis tareas el lunes con un sentir renovado del llamado de Dios y de su presencia.

¿Cómo podríamos no amar un día que logra todo eso? ¿Cómo podríamos no vender todo lo que tenemos por adquirir esta perla de gran precio?

RESPETAR LOS LÍMITES DE NUESTRA CONDICIÓN HUMANA

El punto central del día de reposo es respetar nuestra necesidad de un ritmo sano de trabajo y descanso. Es respetar la necesidad que tiene el cuerpo de descansar, la necesidad que tiene el espíritu de volver a ser lleno y la necesidad que tiene el alma de deleitarse en Dios por Dios mismo. Comienza con una disposición a reconocer los límites de nuestra condición humana y va dando pasos hacia una vida con mayor gracia dentro del orden de las cosas.

Y el primer punto en el orden de las cosas es que nosotros somos criaturas y que Dios es el Creador. Dios es el único infinito. Yo soy finita, lo que significa que vivo dentro de los límites físicos del tiempo y del espacio, y los límites corporales de las fuerzas y las energías. Tengo límites en cuanto a mi capacidad relacional, emocional, mental y espiritual. Yo no soy Dios. Dios es el único que puede estar en dos lugares simultáneamente. Dios es el único que nunca duerme. Yo no.

Todo esto es en realidad algo básico, pero muchos de nosotros vivimos como si no lo supiéramos. Si caváramos un poco más profundamente, descubriríamos que nuestra falta de disposición a practicar el día de descanso tiene que ver con una falta de disposición a vivir dentro de los límites de nuestra humanidad, de respetar nuestra finitud. Nos aferramos a algún sentir de que somos indispensables y de que el mundo no podría seguir adelante sin nosotros ni por un día. O tal vez pensemos que ciertas tareas y actividades resultan más significativas que los deleites que Dios desea compartir con nosotros. Esa es una infatuación que asumimos en detrimento propio.

Hay algo profundamente espiritual en el respetar las limitaciones de nuestra existencia como seres humanos, ya que somos cuerpos físicos dentro de un mundo acotado por el tiempo y el espacio. Cuando aceptamos lo que es real, en lugar de siempre estar buscando correr nuestros límites, desciende la paz sobre nuestras vidas. Aquello que tiene que ver con mostrar más gracia, aceptación y gentileza hacia nosotros mismos al menos una vez a la semana nos capacita para mostrar más gracia, aceptación y gentileza hacia los demás. Hay una libertad que se produce por ser lo que somos en Dios y descansar en que Dios luego nos capacitará para transmitir algo más verdadero al mundo que lo que estamos haciendo ahora. El guardar el sábado nos ayuda a vivir dentro de nuestros límites, porque en el día de reposo, de muchas maneras distintas, nos permitimos ser las criaturas que están en presencia de su Creador. Podemos palpar, tanto en nosotros como en otros, algo más real de lo que cualquiera de nosotros es capaz de producir. Palpamos la esencia de nuestro ser en Dios.

CÓMO COMENZAR

Creo que el pueblo judío lo tenía claro: la única manera de siquiera comenzar a dar los primeros titubeantes pasos hacia la práctica del día de reposo es llegar a enamorarnos de ese día, de manera que lo anhelemos como anhelaríamos a nuestro amado. Pero para enamorarnos de él, tenemos que probarlo.

Sin embargo todo esto despierta muchas preguntas en nosotros, tanto teológicas como prácticas. ¿Tiene importancia cuál día de la semana practiquemos el día sabático? ¿Podríamos tener un día de reposo flotante, que encaje en el lugar del que dispongamos en una semana dada? ¿Enseñó Jesús a guardar el sábado como una práctica para los cristianos del Nuevo Testamento? ¿El día de reposo tiene que ser un día completo, o simplemente puede constar de una tarde o una noche? ¿Podemos hacer compras o cortar el césped el día de reposo? ¿Cómo sé lo que debo o no hacer el día sabático?

Todas estas son preguntas válidas. Algunas de ellas van más allá del alcance de este libro, pero permítanme ofrecerles varios principios que, según pienso, rodean por debajo toda la experiencia sabática. En primer lugar, el corazón del día de reposo es que paremos de trabajar para poder descansar y deleitarnos en Dios y en los buenos dones de Dios. Todo lo que elijamos hacer o no hacer tiene que encajar de alguna manera dentro de este propósito. En segundo lugar, es importante establecer un ritmo regular siempre que sea posible. El ser humano, cuerpo y alma, responde a los ritmos y está acostumbrado a vivir dentro de ciertos ritmos: noche y día, tres comidas por jornada, las estaciones del año. Parte de la posibilidad de descanso del día de reposo es saber que siempre llegará a intervalos regulares, así que no necesitamos tomar decisiones con respecto a él cada semana. Cuando no se observa el día de reposo el mismo día de cada semana, significa que nos extendemos más allá de siete días sin tener un día sabático, y eso no es óptimo. Luego de siete días sin descansar, estamos en riesgo de enfrentar un cansancio peligroso.

Debido a que no descansamos, perdemos el camino. No alcanzamos a descubrir los indicadores de la brújula que nos muestran hacia dónde ir, pasamos por alto la nutrición y cuidados que nos prestarían socorro. Nos perdemos la quietud que nos concede sabiduría. Nos privamos del gozo y el amor que nacen del deleite no forzado. Envenenados por la creencia hipnótica de que las cosas buenas nos llegarán solo a través de una determinación férrea y de un esfuerzo incansable, nunca logramos descansar realmente. Y por esa falta de descanso, nuestras vidas están en peligro.

El tercer principio que ha llegado a ser fundamental para mí al vivir esta disciplina es que el guardar el día de reposo no constituye principalmente una disciplina privada y complaciente. Siempre se la ha considerado una disciplina comunitaria, o por lo menos una disciplina en la que la gente entra junto con sus más allegados.

Me preocupa que las personas a veces elijan guardar el descanso sabático en un día en el que su familia no puede participar de él. Sé por qué lo hacen, y yo misma he estado tentada a hacer lo mismo. La vida en familia a veces forma parte de aquello que nos agota y tememos que el esfuerzo que requiere atender a toda una familia para poder practicar el día de reposo nos exija más de lo que nos devolverá a cambio. Sin embargo, si somos padres cristianos o vivimos en algún tipo de unidad familiar, tenemos que considerar las ramificaciones que tendría el hacer del día sabático una disciplina privada. Nuestros niños no tendrían la oportunidad de experimentar el día de reposo con la guía de sus padres, no aprenderían a descansar y deleitarse en Dios (y en verdad lo necesitan desesperadamente), y la próxima generación perdería los regalos especiales del tiempo sabático: la calidad de la presencia del uno para con el otro, el amor compartido, la gratitud hacia Dios, la oportunidad de descansar y hacer todas esas cosas que resultan contrarias a la vida de nuestra cultura.

Otra cosa que se perdería la próxima generación sería el experimentar la calidad de nuestra presencia en el día sabático. Soy una persona distinta el día de reposo. Todos lo somos. Nos movemos con mayor lentitud. Tenemos una mejor disposición hacia los demás en términos de tiempo y en términos de atención y de humor. Estamos mucho más en contacto con las partes más suaves y vulnerables de nosotros mismos, porque no nos sentimos bajo tanta presión.

Desde que comenzamos con la práctica del día sabático (algo tardía) en la vida de nuestra familia, hemos tenido que realizar unos cuantos ajustes. Pero una vez que nuestras hijas comenzaron a acostumbrarse, las he visto disfrutar realmente de las diferencias que se perciben en este día. Parecen apreciar mucho el hecho de que yo esté en casa todo el día y de que podamos hablar, realizar caminatas y preparar sus comidas favoritas. Les encanta que todos podamos dormir una siesta y que seamos capaces de seguir la misma corriente. Ahora también ellas expresan su necesidad de tener un día de reposo y se desencantan cuando algo en sus propias vidas, o en las nuestras, les roba este tiempo tan importante.

DARLE FORMA AL DÍA SABÁTICO: QUÉ EXCLUIR

Podemos comenzar a darle forma a nuestro día sabático determinando lo que debería quedar excluido de este día, y lo que tendríamos que incluir. Existen por lo menos tres categorías de cosas que haríamos bien en excluir de nuestro día de reposo.

El trabajo: ¿Qué es lo que consideramos trabajo? Debemos comprometernos a no realizar esas cosas el día sabático. Necesitamos identificar los desafíos y las tentaciones que enfrentamos en relación con nuestro trabajo y establecer límites claros para proteger el tiempo sabático. El mayor desafío que yo enfrento es tener una oficina en casa, lo que implica que mi trabajo está delante de mí todo el tiempo. Revisar mi correo electrónico y mi correo de voz (aunque sea una sola vez) implica para mí una gran tentación, así como tratar de encaminar ciertos preparativos para escribir o hablar (solo un poquito); pero las computadoras y la mayor parte de la tecnología de comunicaciones me instalan de nuevo en un ánimo de trabajo y resultan mortales para mi espíritu. Sirven a buenos propósitos durante la semana laboral, pero dentro del contexto del sábado se convierten en una verdadera intrusión y no me conducen a la confianza y al descanso. Para poder interrumpir mis patrones laborales y lograr tomarme un día sabático, tengo que cerrar la puerta y ni siquiera entrar a mi oficina ese día. Con el paso del tiempo, sin embargo, la atracción hacia el trabajo los días sabáticos ha disminuido notablemente, así que ya no soy tan rígida en cuanto a entrar en ese cuarto.

También necesitamos prestar atención en cuanto a que alguna actividad en particular pueda convertirse en detonante de nuestro activismo, nuestra necesidad de ser productivos para poder sentir que valemos, o nuestra sensación de indispensabilidad. Trabajar en el jardín puede resultar relajante para algunos, pero para otros constituye solo una de las cosas incluidas en su lista de obligaciones, y eso no tiene nada que ver con el sábado. Necesitamos verdadero discernimiento para reconocer estas dinámicas internas y tomar decisiones con respecto a ellas en lo que hace al día de reposo.

La compra y venta: Si nos embarcamos en cuestiones de compra, y venta, o en cosas que tengan que ver con el mundo comercial, eso implicará que otros deban trabajar y nosotros contribuiremos a ello. También se alimentará así nuestro consumismo, un aspecto de la vida de nuestra cultura que es preciso dejar descansar los días sabáticos. El mundo del comercio funciona en base a la tentación de hacernos pensar que necesitamos cosas que no necesitamos en verdad y convencernos de que compremos cosas cuyo costo no podemos afrontar. Se trata de un mundo pensado para mantenernos exageradamente estimulados, de modo que nunca nos sintamos satisfechos y nos resulte imposible deleitarnos en los dones de Dios que el dinero no puede comprar. El abstenernos de ser consumidores durante ese día nos sensibiliza a los dones de Dios más sustanciales para nuestra vida.

Las preocupaciones: Hay muchas clases de trabajos que no se realizan con el físico. También existe un difícil trabajo emocional y mental en el que nos involucramos durante toda la semana, y que tiene que ver con clarificar todas las cosas en nuestra vida y hacer que todo funcione. El día sabático constituye una invitación a descansar emocional y mentalmente de aquellas cosas que nos causan preocupación y estrés. Los impuestos, los presupuestos, las listas de tareas obligatorias, la planificación de una boda, la toma de decisiones importantes y cosas por el estilo deberían ser puestas a un lado y dejadas para más adelante. Si observamos el día sabático los domingos, quizás el domingo por la noche, luego de la cena, podría ser el momento (ya desde un lugar de descanso) para embarcarnos en alguna toma de decisiones que necesitamos hacer.

DARLE FORMA AL DÍA SABÁTICO: QUÉ INCLUIR

¿Con qué reemplazaremos todo lo que hemos excluido de nuestro tiempo sabático? La respuesta es simple: Con todo lo que nos deleita y nos restaura.

Descanso para el cuerpo: ¿Qué actividades descansan y restauran nuestro cuerpo? La invitación del día sabático es a reemplazar el tiempo que normalmente dedicaríamos a trabajar con aquellas actividades que nos resultan restauradoras: una siesta, una caminata, un paseo en bicicleta, un baño de burbujas, disfrutar de una de nuestras comidas favoritas (no hacer dieta el día sabático), sentarnos al sol, encender velas, escuchar buena música, hacer el amor. De acuerdo con la tradición judaica, según lo señala Winner, las parejas casadas obtenían un alto puntaje de parte de los rabinos por mantener relaciones sexuales el día sabático. ¡Hay que tener una religión como esa!

Plenitud del espíritu: Otra invitación del día de reposo es prestar atención a aquellas cosas que restauran y vuelven a llenar el espíritu y elegir solo aquellas actividades que nos renuevan y nos producen gozo. Obviamente, esto es algo muy personal de cada uno de nosotros; resulta sorprendente tener permiso para prestarle atención a aquello que nos causa deleite y elegir hacer eso en aquel día. Al explorar este aspecto del tiempo sabático, prestemos cuidadosa atención a las actividades que simplemente nos estimulan o que sirven como substituto de aquellas cosas que nos restauran. La televisión y la mayor parte de los aparatos tecnológicos no resultan restauradores en realidad; nos distraen de aquellos dones de Dios más significativos.

Lo que yo prefiero hacer el día sabático es algo muy simple. En mi oficina tengo un sillón muy confortable ante a una ventana asoleada que mira al jardín. Me encanta recostarme en ese sofá, debajo de un acolchado (no una frazada sino un acolchado, porque amo los acolchados) y leer un libro por puro disfrute. En uno de los buenos días sabáticos, conseguiré hacerlo por varias horas. El sillón es muy confortable y descansa mi cuerpo. Tengo muchos símbolos y artefactos religiosos en mi oficina que me deleitan y me hablan de Dios. Y dado que amo las palabras pero dedico mucho tiempo a trabajar con ellas, el leer solo por puro placer me resulta la cosa más deliciosa que puedo elegir. También me encanta que los miembros de mi familia vengan a ese espacio y se sienten a hablar conmigo en quietud. Esto raramente acontece en medio de la prisa de los otros seis días, y me hace sentir plena en lo más profundo del ser.

Restauración del alma: Quizás el más profundo refrigerio está en la invitación a renovar el alma a través de la adoración y la reflexión silenciosa. Esta es la parte de nosotros que más se pierde durante la semana laboral, y se ve gobernada casi completamente por el patrón de valores de la productividad. Por supuesto, queremos incluir la adoración comunitaria, pero también es bueno incorporar algunos aspectos de adoración más personales de nosotros mismos y nuestra familia durante la observancia del día sabático. Por nuestra cuenta, podemos pasar algún tiempo extra en silencio y oración, dar un paseo lento meditando, leer un libro que Dios haya usado en nuestra vida, escribir en nuestro diario acerca de la semana, o realizar una versión más extensa del examen de toma de conciencia, prestando particular atención a aquellas cosas por las que estamos agradecidos.

Como familia (si los niños son lo bastante grandes), podemos mantener un sensación de mayor quietud dentro de nuestro hogar durante el día sabático. Prestemos atención a la manera en que nos expresamos amor los unos a los otros en este día. Identifiquemos ciertos rituales o actividades compartidas que crean un espíritu de respeto hacia Dios en este día: llevemos a cabo una comida especial, precedida por una lectura de las Escrituras; encendamos velas y permitamos que los que están sentados a la mesa, uno por uno, mencionen el momento de la semana en que les pareció que Dios estuvo presente de un modo más particular; apaguemos el televisor y hablemos unos con otros; llevemos a cabo una caminata juntos luego de la cena; realicemos algunos juegos; escribámosles o hablémosles por teléfono a aquellos que amamos y están lejos; abramos nuestra casa para recibir amigos, familiares o vecinos.

No hagamos que guardar el día de reposo sea un ejercicio pesado. Explorémoslo con deleite, como si nosotros y Dios estuviéramos aprendiendo juntos la forma de convertir ese día en especial para ambos. Luego, hagámonos el propósito de protegerlo, pero no nos volvamos rígidos y legalistas con respecto a él, porque eso arruina el espíritu del día. «El sábado se hizo para el hombre, y no el hombre para el sábado» (Marcos 2:27).

UN TIEMPO DE PLENITUD

Yo no conozco todo lo que hay que conocer con respecto al día de reposo; en esta disciplina, al igual que en muchas otras, soy apenas una principiante. Lo que sí sé es que tienen que existir momentos en nuestra vida en los que nos movamos lentamente... tiempos en los que sea mejor caminar que correr, permitiendo que nuestro cuerpo se acomode a cada paso... tiempos en los que nos sentemos a mirar con admiración a aquellos que amamos, en lugar de pasar apresuradamente por las actividades de nuestra agenda... tiempos en los que recibamos comida y bebida con gratitud y humildad en lugar de engullirlos de golpe mientras nos dirigimos a realizar algo «más importante». Tiempos en los que los abrazos se prolonguen y los besos sean verdaderos.

Tiene que haber tiempos en los que leamos por simple placer, maravillados de la belleza de las palabras y de la creatividad infinita de los escritores al unirlas unas con otras. Debe haber momentos en los que nos hundamos en la confortabilidad de nuestros hogares y nos volvamos nuevamente humanos en lugar de utilizar la casa como un hotel o un restaurante de comidas rápidas; tiempos en los que encendamos una vela y descubramos ese lugar dentro de nosotros que es capaz de amar y luego podamos orar desde allí. Tiene que haber momentos en que nos permitamos sentir lo que sentimos, en los que dejemos correr las lágrimas en lugar de parpadear para evitar que salgan porque no tenemos tiempo de llorar. Tiene que haber momentos en los que seamos criaturas tiernas, vulnerables y humanas, en lugar de siempre procurar mostrarnos duros, a la defensiva y al control.

Tiene que haber tiempos en los que nos sentemos con gratitud por los buenos dones que hemos recibido en la vida y de los que nos olvidamos en el apuro.

Tiempo para celebrar
y jugar
y descender rodando de las colinas
y chapotear en el agua
y desparramar pintura sobre papel,
sobre las paredes o sobre los demás.

Tiene que haber tiempo para sentarnos y esperar la llenura de Dios que restaura el cuerpo, la mente y el alma, si es que podemos soportar estar tan llenos. Tiene que haber tiempo para que el tiempo alcance plenitud, de otra manera el tiempo no tendrá ningún significado.

PRÁCTICA

Al terminar de leer este capítulo, tómate unos pocos momentos para escuchar tus anhelos con respecto al día sabático. ¿En qué lugar has sentido un agudo deseo por los ritmos y prácticas descritos aquí? ¿Dónde has sentido resistencia? Y si no has sentido nada, toma nota de eso también. Durante varios días, por lo menos, utiliza tu tiempo de quietud solo para sentarte con tus anhelos y las cuestiones que ellos hagan surgir.

Luego, basado en tu deseo y situación, decide intentar un día sabático. No necesitas cambiar tu vida entera, todavía. Solo busca en tu agenda un día de la semana (sé realista) para que tú y tu familia puedan separarlo como día de reposo. Considera la preparación y el planeamiento necesarios para asegurarte que puedas dejar de lado todo tipo de trabajo y preocupaciones durante ese día.

- ¿Qué actividades me rehusaré a encarar de modo que se convierta realmente en un día de descanso, adoración y deleite?
- ¿Qué actividades me producen deleite, y de qué modo puedo incorporarlas? (No necesitas planearlas con demasiada precisión; reúne algunas ideas —como por ejemplo, en qué momento irás a la iglesia o a quiénes incluirás en ese día— pero concédete un día para saber lo que se siente al despertar sabiendo que será un día en el que puedas descansar y buscar lo que te complace.)
- Anota la fecha en tu agenda, y ora para que Dios te ayude a respetar ese día sabático y mantenerlo santo. Luego simplemente observa a dónde comienza a conducirte todo esto.

9

UNA REGLA DE VIDA

Cultivar los ritmos para lograr una transformación espiritual

Ansiamos ver nuestras vidas completas, saber que importan. Nos preguntamos si nuestras muchas actividades podrían reunirse en un estilo de vida que resultara bueno para nosotros y para los demás. Por faltarnos visión con respecto a una forma de vida que sea a su vez transmisora de vida, pasamos de una tarea a la otra, haciendo lo mejor que podemos, pero con una creciente incertidumbre acerca de lo que significará hacer las cosas bien. Anhelamos alcanzar una comprensión más profunda con respecto a la forma en la que ordenar nuestra vida humana de acuerdo con aquello que es bueno y verdadero.

CRAIG DYKSTRA Y DOROTHY BASS,
PRACTICING OUR FAITH [Practicar nuestra fe]

Vivir lo que deseamos en cualquier área de nuestra vida requiere algún tipo de enfoque con propósito. Construir una base financiera sólida, planear la jubilación, realizar mejoras en la casa, lograr un avance en nuestra carrera, encarar estudios más avanzados, proponernos perder peso o alcanzar un mejor estado físico, todo eso requiere planeamiento para poder avanzar hacia el logro de lo que deseamos. El deseo de una forma de vida que cree un espacio para la obra transformadora de Dios no es diferente. Sin embargo, si consideráramos atentamente la manera en que vivimos el día a día, podríamos descubrir que nuestro enfoque en cuanto a la transformación espiritual está muy librado al azar y es más fortuito que nuestro enfoque sobre las finanzas, las mejoras en la casa y la pérdida de peso. Muchos de nosotros tratamos de meter la transformación espiritual en los rincones y grietas de una vida que ya es inmanejable, en lugar de mostrar la disposición a recomponer nuestra vida, que es lo que nuestro corazón más desea. Pensamos que de alguna manera llegaremos a esa transformación por accidente.

Jesús tenía algo que decir al respecto. El usaba parábolas para mostrarles a las personas que habían buscado por mucho tiempo y con gran dificultad algo muy valioso y especial. En una de las historias el objeto apreciado era una porción de tierra; en otra, una perla de gran valor. En ambas historias, el mercader había procurado encontrar ese tesoro durante toda la vida, y cuando lo logró, no titubeó. Vendió todo lo que tenía para poder comprar aquello que había buscado siempre.

Tanto el campo como la perla son metáforas referidas al reino de Dios, ese estado del ser en el que Dios reina sobre nuestra vida y su presencia configura nuestra realidad. El reino de Dios está aquí ahora, si mostramos la disposición a reordenar nuestra vida para abrazarlo. Pablo hablaba en términos apasionados cuando se refería a que usaba cada gramo de sus energías con el propósito deliberado de presentar a cada persona perfecta en Cristo, presumiblemente comenzando por él mismo. Parecería, entonces, que la única pregunta es: ¿Hasta que punto lo anhelamos?

La tradición cristiana tiene un nombre para la estructura que nos permite decirle que sí a ese proceso de transformación día tras día. Se lo llama una *regla de vida*. Una regla de vida busca responder a dos preguntas: ¿Quién quiero ser? y ¿cómo deseo vivir? En realidad, resultaría más exacto decir que una regla de vida busca enfocarse en la interrelación que se da entre esas dos preguntas: *¿Cómo quiero vivir para poder ser quien deseo ser?*

San Benedicto fue el primero en desarrollar una regla de vida, para ayudar a los monjes que vivían en comunidad a poder ordenar sus días de una manera muy simple en torno a tres elementos clave de su vida en Dios: la oración, el estudio y el trabajo. La Regla de San Benedicto, al igual que cualquier regla de vida, tiene que ver simplemente con un patrón de actitudes, conductas y prácticas, regulares y rutinarias, que llevan la intención de producir una cierta calidad de vida y carácter. Yo prefiero el lenguaje que utiliza el concepto de *ritmo*, porque habla de una regularidad con la que el cuerpo y el alma pueden contar, pero también habla de flujo y reflujo, creatividad y belleza, música y danza, alegría y entrega de nosotros mismos a una fuerza o a un poder que está más allá de nosotros y es profundamente bueno. Con el correr del tiempo, al entregarnos a los nuevos ritmos de vida, son ellos los que nos ayudan a rendir nuestras viejas conductas, actitudes y prácticas para que puedan ser reconfiguradas en otras nuevas.

DESARROLLAR UN RITMO DE PRÁCTICAS ESPIRITUALES

Desarrollar un ritmo de prácticas espirituales lleva tiempo. Requiere tiempo el explorar toda una variedad de disciplinas de modo que adquiramos un sentido de su significado para nuestra vida y hallemos la manera de incorporarlas de modo que encajen con nuestra vida y a la vez conserven su belleza, como una danza o una sinfonía llena de bellas armonías, o el flujo y reflujo de las mareas o de las estaciones. Lo mejor es intentar una disciplina por vez y trabajarla durante un tiempo en lugar de intentar recargarnos demasiado haciendo todo de golpe. Una vez que experimentamos las disciplinas básicas, como lo hemos hecho en los capítulos previos, estaremos en condiciones de reacomodar nuestra vida alrededor de las prácticas que nos llevan a abrirnos a la intimidad con Dios y provocan la clase de cambios que nuestro corazón anhela.

Lograr un ritmo eficiente de prácticas espirituales es una cuestión muy *personal*. No hay dos individuos que lleven exactamente el mismo ritmo, porque no hay dos personas iguales. Nuestro ritmo en cuanto a las prácticas espirituales toma en cuenta nuestra personalidad, nuestro tipo espiritual, la época por la que atravesamos en la vida, los patrones de pecado contra los que luchamos, los espacios en los que Dios intenta extendernos dentro de nosotros mismos. Por ejemplo, una personalidad espontánea y poco estructurada, tendrá que cuidarse de no construir un ritmo de vida que le resulte demasiado estructurado y confinante. A una persona más estructurada y que disfruta de estar encerrada probablemente le gustará planificar las cosas en mayor detalle.

También podemos escoger disciplinas que confronten las áreas de pecado y los patrones negativos acerca de los que Dios intenta que tomemos conciencia. Si comenzamos a ser conscientes de que nos falta disciplina en nuestra forma de hablar e interactuar con otros (notamos que somos proclives a la murmuración, a las charlas sin contenido, al cinismo y a la malicia), entonces tal vez Dios nos esté invitando a entrar en la disciplina del silencio. Si somos conscientes de que estamos demasiado acelerados en nuestra vida o trabajo, la disciplina diaria de la soledad, más la disciplina semanal del día sabático, pueden marcar el énfasis que nos venga mejor. Si notamos que tenemos problemas con respecto a alguna, o a varias, de nuestras relaciones, tal vez necesitemos colocar el énfasis en el autoanálisis. Todas las disciplinas descritas en este libro son disciplinas cristianas básicas de las que todos tenemos necesidad; sin embargo, en distintos momentos precisamos enfatizar diferentes disciplinas, según lo requiera la ocasión.

Nuestro ritmo en cuanto a las prácticas espirituales también ha de ser despiadadamente *realista*, teniendo en cuenta la etapa de la vida en la que nos encontramos. Una pareja casada con niños pequeños llevará ritmos muy distintos de aquellos que lleva una pareja de jubilados cuyos hijos ya han abandonado el nido. Si no realizamos una evaluación de la etapa de la vida en la que nos hallamos, nos condenaremos al fracaso.

Una de las grandes tentaciones en la vida espiritual es creer que si estuviéramos en otra etapa de la vida, podríamos ser más espirituales. La verdad es que la transformación espiritual se produce cuando aceptamos los desafíos y oportunidades relacionados con cada etapa de nuestra vida. Esto implica sinceridad al considerar los desafíos («En esta etapa de la vida de nuestra familia, no me es posible contar con más de media hora de soledad por día») y disposición a abrazar las oportunidades que se presentan («El estar cerca de los niños pequeños me enseña mucho con respecto a ser un niño en la presencia de Dios»). Las expectativas con respecto a organizar nuestra vida durante las diferentes etapas tienen que tomar en cuenta aquellas cosas reales que no se pueden cambiar; de otro modo nos preparamos para la frustración y el fracaso. Este es un lugar en el que aprender a ser compasivos con nosotros mismos, porque Dios lo es.

Un ritmo eficaz en cuanto a las prácticas espirituales también incluirá un *equilibrio* entre aquellas prácticas que nos resultan fáciles y aquellas que nos requieren esfuerzo. Para los que son extrovertidos, las disciplinas de la soledad y el silencio constituirán más bien un esfuerzo, pero un esfuerzo dirigido a lograr una totalidad. Los introvertidos pueden sentir que no necesitan desarrollar relaciones en comunidad, pero nada puede estar más lejos de la verdad. Sin un acercamiento equilibrado a las disciplinas espirituales, corremos el riesgo de cultivar una espiritualidad sin balance que se desintegrará cuando se halle bajo la presión de aquellas partes de nosotros que han quedado sin desarrollar. Sin la comunidad, los introvertidos corren el riesgo de quedar aislados y desconectados de la realidad. Sin la soledad, los extrovertidos corren el riesgo de volverse superficiales e incapaces de discernir la voz pequeña y suave de Dios. Sin algún tipo de estructura, las personalidades espontáneas y desestructuradas pueden convertirse en indisciplinadas y desenfocarse.

Sin un poco de habilidad para fluir con la corriente, las personas muy estructuradas pueden volverse rígidas y apegarse demasiado a su propia forma de hacer las cosas, dejando muy poco espacio para que Dios los sorprenda.

Una vez que hemos identificado nuestro ritmo básico en cuanto a las prácticas espirituales, resulta importante que entremos en él con mucha *flexibilidad*. Esto de ninguna manera disminuye la profundidad de los propósitos que nos hemos determinado, pero nos ayuda a evitar el volvernos rígidos y legalistas, o aun egoístas con respecto a nuestros ritmos. Precisamos tener mayor claridad sobre aquellas cosas que resultan óptimas para nuestra vida espiritual y comprometernos con ellas, pero luego mantenernos abiertos durante aquellos períodos en los que no funcionan exactamente como lo planeamos. Habrá alguna mañana en la que no podremos lograr soledad a causa de que uno de los niños ha estado enfermo toda la noche. Una crisis en el trabajo o con un amigo requerirá nuestra presencia y no nos permitirá retirarnos de la empresa a la hora exacta en que lo planeamos. El punto es que sabemos que hemos tomado la determinación de llevarlo a cabo. Y somos fieles a este ritmo hasta donde podemos y en la medida en que las circunstancias diarias de la vida lo permiten.

Cuando no nos es posible mantener nuestras disciplinas de la manera en que lo hemos planeado, podemos tener la certeza de que la obra de Dios no se limita a nuestras disciplinas espirituales. Él va a encontrar la forma de llegar a nosotros en medio de nuestra vida cotidiana ese día. Además, debemos sentirnos libres de evaluar nuestros ritmos de un modo regular, en especial cuando atravesamos por cambios significativos de vida, para ver si todavía corresponden a la realidad y nos transmiten vida. Si no, tenemos toda la libertad para realizar ajustes, bajo la guía de Dios. De hecho, es bueno tomarnos un tiempo para «considerar las cosas mansamente» (en lugar de criticar o evaluar) cada seis meses más o menos, y cada vez que se produzca algún gran cambio en nuestra vida, para poder realizar los ajustes requeridos en lugar de volvernos rígidos en cuanto a nuestras prácticas.

UN PROCESO SIMPLE PARA CULTIVAR LOS RITMOS ESPIRITUALES

El proceso de comenzar a cultivar nuestros propios ritmos en cuanto a las prácticas espirituales da inicio con la actitud de **prestarle atención a nuestros deseos**, tomando nota de las palabras, frases y oraciones que en este tiempo parecen ser las que con mayor frecuencia captan el sentido de nuestro anhelo de Dios y de una transformación espiritual. *¿Hasta qué punto deseo estas cosas? ¿Estoy dispuesto a reordenar mi vida para lograr aquello que más desea mi corazón?* Entonces le expresamos nuestra disposición a Dios, reconociendo el misterio de la transformación espiritual y de nuestra incapacidad para producirla. Es importante que sepamos, que realmente *sepamos*, que la transformación espiritual a esta altura constituye un puro don, si es que nos presentamos con disponibilidad ante Dios. De otro modo, nuestro ritmo de prácticas espirituales puede convertirse en nada más que un programa de autoayuda espiritual, lleno de esfuerzos humanos.

Entonces nos tomamos el tiempo de *prestarles atención a nuestras experiencias en cuanto a las prácticas espirituales*. Reflexionamos sobre nuestras experiencias en las varias disciplinas espirituales e invitamos a Dios a que nos muestre cuáles nos han transmitido más vida y han producido verdaderos cambios de vida. Prestemos atención a aquellos momentos en los que Dios pareció encontrarse con nosotros en el contexto de nuestras prácticas y de la transformación resultante. También observemos cuáles disciplinas nos implicaron un mayor esfuerzo. ¿Qué prácticas espirituales y qué relaciones parecen haber sido las más poderosas en cuanto a suplir los deseos de nuestro corazón?

El próximo paso es *comenzar a desarrollar un plan basado en nuestras reflexiones*. ¿Qué es lo que estoy comenzando a *comprender con respecto a los requerimientos mínimos (diarios, semanales y mensuales) que tienen que ver con una sostenida formación espiritual? ¿Con qué disciplinas tengo la certeza de que debo comprometerme en forma regular, como medio de ofrecerme a Dios de un modo sostenido y coherente?* Le pedimos a Dios su guía para poder armar un ritmo de prácticas espirituales que satisfaga nuestro deseo de establecer una conexión con él que nos transmita vida y una auténtica transformación espiritual. Resulta importante considerar las disciplinas que se practican en soledad, las disciplinas que se relacionan con la vida en el cuerpo y a las disciplinas relacionadas con la vida en comunidad.

Tendremos en cuenta los límites y las oportunidades que nos presenta la etapa de la vida en la que estamos, nuestra personalidad, y nuestras circunstancias presentes a partir de hacernos preguntas como las que siguen:

- ¿Con qué prácticas buscaré comprometerme cada día/cada semana/cada mes/cada año?
- ¿En qué lugar me comprometeré con estas disciplinas?
- ¿En qué momento del día/de la semana/del mes/del año?
- Qué es lo que he aprendido en cuanto al significado que lo comunitario tiene en la transformación espiritual a través de los aspectos de «marchar juntos» que implica este proceso? ¿Dónde podría encontrar la oportunidad de entrar más profundamente en lo comunitario (o ser invitado a participar de ello) en base a las disciplinas espirituales?
- ¿Existen otras actividades o prácticas particularmente adecuadas a mi tipo de personalidad o de espiritualidad? ¿Cómo puedo incorporarlas dentro del ritmo de mis prácticas espirituales?
- ¿Existen determinadas prácticas que necesito en particular teniendo en cuenta ciertos pecados y patrones negativos de los que tengo conciencia?

Realizar algunos arreglos prácticos forma parte del armado del plan:

- ¿Qué cambios de agenda deberé realizar para poder elegir coherentemente estas disciplinas transmisoras de vida?
- ¿Qué cosas preciso acomodar con aquellos con los que vivo para que todo esto resulte posible?
- ¿Existen preguntas que debo realizar o alguna conversación que mantener con mis compañeros de trabajo para poder llevar a cabo todo esto?

Una vez que hemos armado un plan concreto y específico, *nos entregamos a él en oración, a causa del deseo que tenemos de Dios*, y no por un sentido de deber u obligación. Recordemos que el tener una regla personal de vida constituye un medio de abrirnos de manera coherente a la obra transformadora de Dios en nosotros.

Luego, *periódicamente nos tomamos el tiempo de hacer consideraciones*. Al entrar en esta nueva manera de vivir, tenemos la libertad de explorar y experimentar nuestros ritmos y realizar ajustes a lo largo del camino. Luego de unos seis meses será bueno tomarnos un tiempo más extenso en la presencia de Dios para prestar atención a la forma en que se va desarrollando y considerar si necesitamos realizar algún cambio mayor. Cada vez que pasemos por algún cambio grande en la vida (casarnos, tener hijos, iniciarnos en un nuevo trabajo, jubilarnos, mudarnos de casa, pasar por una cirugía), haremos bien en revaluar las cosas y realizar los ajustes que correspondan a la realidad de nuestra nueva situación.

NUEVAS DISCIPLINAS PARA UNA ERA TECNOLÓGICA

A medida que nos mostramos más firmes en nuestra determinación de vivir según nuestros deseos más profundos, se vuelve cada vez más importante considerar los efectos que la tecnología tiene sobre nuestra mente, alma y relaciones. Los efectos de la tecnología son tan penetrantes y se han infiltrado en nosotros de maneras tan sutiles que la mayoría de nosotros tenemos poca conciencia de lo profundos que son y del alcance que tienen.

Descubrí hasta dónde llega mi propia frustración a causa de las intrusiones de la tecnología una mañana en que estaba sentada en un vuelo de San Diego a Chicago. Acababa de terminar con una serie de charlas de varios días y estaba más que dispuesta a volver a casa. Mientras nos preparábamos para el despegue, un hombre sentado cerca de mí hablaba en voz alta por su teléfono celular, obviamente intentando cerrar una última transacción comercial antes de que el asistente de vuelo nos ordenara apagar todos los teléfonos. A causa de que los días previos habían estado tan llenos de palabras y actividad, yo anhelaba un poco de quietud ininterrumpida y me irritaba el tener que escuchar la conversación de ese hombre.

En ese momento, «percibí» lo que era mi mundo, y aquello a lo que había quedado reducido: ¡el único lugar de refugio contra la exagerada estimulación que recibía nuestra vida, tan acosada por la tecnología, era este proyectil en el que nos desplazábamos a una tremenda velocidad a treinta mil pies por encima de la tierra! Y aun este pequeño lugar de refugio era temporal. Descubrí que necesitaba todo un conjunto de nuestras disciplinas espirituales para hacerle frente a la realidad contemporánea de esta tecnología invasora.

La tecnología no es maligna: es la forma en que la usamos lo que determina que se convierta en una fuerza del bien o del mal en nuestras vidas. Si buscamos cultivar los ritmos espirituales, haremos bien en considerar disciplinas que correspondan a las tentaciones que nos acechan desde la tecnología, de manera que podamos proteger los elementos de nuestra vida que valoramos más. Aunque no contamos con enfoques premoldeados para encarar estas disciplinas, nos resultará útil realizar algunas consideraciones sobre ciertos momentos del día y ciertos aspectos de la vida y relacionarlos con los tipos de tecnología que nos afectan.

En la mañana: La primera hora de la mañana representa un momento especial del día en el que nos hallamos en un estado de descanso e indefensión mayor que en cualquier otro momento. El nuevo día se extiende delante de nosotros completo y lleno de potencial. Si hemos logrado descansar lo bastante, el tiempo en que nos levantamos y nos preparamos para enfrentar el día es de un estado calmo de alerta, apertura y receptividad, y hasta de creatividad vigorosa. La manera en que elijamos pasar ese tiempo tiene un potencial para establecer el tono de todo el día, y según sean las demandas de nuestra vida, estos pueden ser los únicos momentos que tengamos en todo el día para el silencio y para escuchar a Dios.

En una ocasión noté que me estaba deslizando hacia el hábito de encender el teléfono celular tan pronto como me despertaba, y de mirar mi correo electrónico aun antes de tomar mi primera taza de café. Lenta e imperceptiblemente, estos hábitos me estaban robando los momentos que solía utilizar para el silencio, la oración y el presentarme ante Dios. Dado que trabajo en mi oficina en casa, a menudo me dejaba llevar por el trabajo del día aun antes de estar del todo despierta. Más recientemente me he establecido la disciplina de no permitir el ingreso de tecnología antes de las nueve de la mañana., y elijo preservar en cambio ese tiempo para prepararme en quietud para el día que tengo por delante. Luego, cuando llega el momento de engancharme con el mundo, incluyendo el área de la tecnología, me encuentro mucho más establecida en Dios (en lugar de estar ya frenética) y con un espíritu más despierto. Aunque encender el celular y revisar mi correo electrónico a horas tempranas de la mañana continúan siendo tentaciones para mí, lo contrarresto preguntándome: *¿Cómo quiero saludar a Dios en la mañana? ¿Quiero comenzar el día con la tecnología, o escuchándolo a él en quietud?*

Por las noches: La forma en que realizamos la transición de un día de trabajo a las horas nocturnas también es importante, porque si realmente no hacemos esa transición nuestro trabajo se escurrirá en cada rincón y grieta de nuestras vidas. La accesibilidad del correo electrónico desde cualquier conexión de Internet, y el hecho de que ahora llevemos puestos los aparatos de radio llamada y teléfonos celulares como si fueran parte de la ropa, intensifica la tentación de creer que si hacemos una cosa más, de alguna manera lograremos ponernos al día con todo lo que tenemos que hacer. En un sentido (en el nivel de tachar de una lista las labores ya realizadas) puede ser que sea así, pero en otro sentido (en el nivel de seres humanos que necesitan tiempo de descanso, diversión y relaciones) cada vez nos vamos quedando más cortos.

Aquellos que trabajan fuera de la casa pueden proponerse con mayor facilidad marcar claramente el final a las labores del día cuando apagan sus computadoras, teléfonos celulares comerciales y otros artefactos. Pueden usar el viaje de regreso a su casa para hacer una revisión del día y considerarlo concluido. Pueden unirse a Dios en su patrón de trabajo y descanso y decir: «Ha sido suficiente trabajo por este día, y ha resultado bueno». Si trabajamos desde nuestra casa, desenchufarnos de ciertos elementos de la tecnología puede constituir un acto simbólico de colocar el trabajo del día en las manos de Dios y estar completamente presentes para recibir los dones que trae la caída de la tarde: una comida compartida, una conversación con la familia o con amigos, o hacer una contribución a la vida hogareña, con el tiempo de ocio y de descanso que eso implica.

Soledad, silencio y descanso sabático: La intrusión de la tecnología en cada rendija y grieta de nuestras vidas dentro de la cultura contemporánea hace necesario ser muy cuidadosos con respecto a su utilización en los días que hemos separado para la soledad, el silencio y el día sabático. Cuando yo comencé a dirigir retiros, hace más de diez años, tan solo los médicos o aquellos que desarrollaban profesiones que brindaban ayuda usaban teléfonos celulares o de radio llamadas, así que en verdad no teníamos problemas con esa cuestión. A medida que fue pasando el tiempo, cada vez más personas llegaron a tener estos aparatos, pero normalmente no los llevaban al ámbito de los retiros. Ahora resulta necesario preparar a la gente por anticipado para que apague todo este tipo de tecnología con el fin de poder entrar en quietud, pero aún así los participantes experimentan bastante ansiedad con respecto a no poder ser contactados. Es como si sintieran que el mundo no puede seguir andando sin ellos ni por un día. La gente también lleva su computadora a los retiros, porque escribe los registros de su diario en ella. En teoría esto debería funcionar, pero puede dejar una abertura por la que la tecnología haga una intrusión de formas en las que no queremos. Para lograr un verdadero silencio, haremos bien en desenchufar todo completamente.

Dado que la vida dentro de la cultura contemporánea requiere que nos movamos a alta velocidad y estemos accesibles casi todo el tiempo, necesitamos espacios de soledad *más extensos*, en los que el cuerpo, la mente y el alma puedan reducir sensiblemente su paso. La mayoría de nosotros necesita un día por mes en soledad, para poder desenchufarse completamente no solo de la gente sino también de las computadoras y los teléfonos, y lograr la suficiente quietud interior como para oír a Dios y permitirle tocarnos en los lugares más profundos del ser. Esto no nos resulta práctico, nunca es conveniente, e implica que estemos inaccesibles para la familia y los colegas. Sin embargo, en esos días nos hallamos accesibles para Dios, que es lo mejor para todos aquellos que nos rodean.

Las decisiones que tomemos con respecto al uso de la tecnología son muy personales, pero nuestro intento de ser más cuidadosos y disciplinados en esta área nos dan esperanza, una esperanza de que no tendremos que vivir a merced de fuerzas responsables de intrusiones sutiles que todo lo destruyen. Al intentar ejercer control sobre los efectos de la tecnología en nuestra vida, estamos reclamando un espacio para nuestra alma y para las cosas más profundas, que son las que realmente nos importan.

A MODO DE EJEMPLO

Mi propia regla de vida en estos días es muy simple, aunque me ha llevado años poder establecerla con claridad. Los detalles exactos no le importan a nadie más que a mí; lo que sí importa es que me funciona en este tiempo y que cuando vivo por ella soy una mejor persona.

Diariamente: Mi ritmo diario incluye la soledad y el silencio (sin irrupciones de la tecnología) desde las siete de la mañana hasta las nueve. Eso incluye al menos media hora de quedarme en silencio y luego avanzar hacia la oración articulada en palabras, una reflexión sobre las Escrituras y las otras disciplinas que hemos considerado. Ese tiempo también incluye el vestirme y hacer otros preparativos para el día, y hasta a veces una caminata corta, pero realizada en quietud y oración, sin permitir otro tipo de estímulos. A las nueve realizo una transición hacia el día laboral. Por supuesto, debo mantener cierta flexibilidad cuando viajo o tengo el compromiso de hablar.

En la última parte de la tarde o en la nochecita, me desenchufo de toda la tecnología relacionada con el trabajo y vuelvo a hacer una transición hacia la noche a través de un paseo en bicicleta (cuando puedo), y utilizo ese tiempo para un examen. Tengo una amiga espiritual con la que me conecto a diario y otra con la que me relaciono semanal o mensualmente.

Semanalmente: Mi ritmo semanal incluye mi compromiso con el domingo, que constituye el día sabático para mí y mi familia. En ese día nos desconectamos del trabajo y de la tecnología relacionada con el trabajo; descansamos, hacemos ejercicios, cocinamos comida especial, disfrutamos los unos de los otros y también de los amigos, y elegimos actividades que resulten loables y además agradables.

Mensualmente: Intento separar un día al mes para la soledad, en el que me desenchufo por completo. También recibo guía espiritual una vez al mes y lo combino con mi día de soledad, de ser posible.

Trimestral o semestralmente: Por lo menos una vez cada tres meses procuro llevar a cabo algún tipo de retiro más extenso junto con otras personas, por lo general, del Centro para la Transformación. El ritmo de oración, los tiempos extensos de soledad y el relacionarme con la comunidad espiritual resultan de vital importancia para mi propia salud y bienestar espiritual.

Anualmente: Nuestra familia se toma vacaciones durante una o dos semanas para descansar y disfrutar. Además, yo también intento comprometerme con algún tipo de entrenamiento o experiencia guiada en los que pueda recibir enseñanza y guía que me lleve a crecer y a aprender.

Estos ritmos están tan específicamente relacionados con las particularidades de mi vida que casi dudé en cuanto a mencionarlos. Los describo aquí no para que ustedes traten de copiarlos (¡por favor, no lo hagan!) sino para darles un vistazo de cómo puede ser una regla de vida. Permítanme apresurarme a agregar que no llego a cumplir exactamente con todo siempre; a veces la vida interfiere. Pero esto es a lo que apunto, y eso implica que pueda dar en el blanco con mayor frecuencia de lo que lo haría si no tuviera el objetivo con claridad ante mi vista.

Cada uno de nosotros debe encontrar su propia manera de desarrollar una regla de vida que se adapte a su situación. Un ejecutivo lleno de ocupaciones describe de esta manera su propio proceso al establecer una regla de vida: «He luchado por poder practicar una vida coherente en el Espíritu en medio de la intensa presión que imprime un día laboral en el que debo proyectar una visión, conducir reuniones, hacer presupuestos, manejar problemas del personal y cosas por el estilo. Me encantan los tiempos de retiro en quietud, pero no pertenecen a mi mundo real. Por lo tanto, he elegido desarrollar una «regla de vida» que me provea ciertos puntos de referencia para poder vivir de un modo más espiritual dentro de la trama y la urdimbre de mi propio trabajo. Algunos aspectos de esta regla resultan disciplinas externas tangibles, como el tener un tiempo diario de devoción. Pero otros constituyen disciplinas interiores del corazón y la mente y estos se están convirtiendo más en una parte de la vida que no se ve. Mi regla constituye un recordatorio espiritual de mi llamado y se basa en los grandes mandamientos». A modo de dar otro ejemplo, aquí incluyo su regla.

Cultivar y ordenar los afectos del corazón
- Tener un «corazón aquietado» que no se perturba internamente por las cosas que lamenta ni se pone frenético por las circunstancias externas.
- Tener un «un corazón circuncidado» que se ha liberado de la presión de siempre tener que estar en lo cierto y vive libre de las ataduras de los deportes, la comida y el reconocimiento de los demás.
- Tener un «corazón ardiente» que se concentra en agradar a Dios.
- Tener un «corazón que danza» y sirve a los demás con gozo y buena disposición.

Nutrir y guiar las inclinaciones de mi alma
- Tener diariamente un «tiempo quieto» para la lectura de la Biblia y la oración.
- Tener un día sabático semanal para la adoración en comunidad, el descanso y la oración, y hacer un repaso de mi regla de vida.
- Formar parte de la comunidad cristiana de mi iglesia local.
- Realizar retiros cada tres meses para lograr períodos de reflexión más extensos y poder recalibrar mi regla de vida.

Fortalecer las disciplinas y la iluminación de mi mente
- Procurar una «mente humilde» que privilegia la unidad por sobre la victoria.
- Desear una «mente renovada» que se resista a conformarse al mundo por lograr una transformación espiritual.
- Desarrollar una «mente preparada» para comprender y vivir la fe.

Practicar los hábitos que me fortalecen
- De administración diaria:
    Respetar un mínimo de siete horas de sueño por la noche.
    Tener treinta minutos de tiempo en quietud, descansando en la seguridad del amor de Dios.
    Realizar una ejercitación física vigorosa tres veces por semana.
    Mantener una dieta sana.
    No mirar televisión por las noches sin mi esposa presente.
- De administración de los dones de estudio:
    Realizar lecturas en las áreas de historia y cultura.
- De administración del llamado vocacional:
    Mostrarme comprometido y atento hacia otros: escucharlos, aprender de ellos y amarlos.
    Invertir en otros: dedicar tiempo a enseñar y entrar en contacto con los demás con gracia.
    Inspirar a otros a través de transmitirles visión, aliento y fortaleza.

Amar a mi prójimo como a mí mismo
- Mostrarme amistoso con los vecinos.
- Ser compasivo con los que están en necesidad.
- Procurar que se den la justicia y la misericordia en el mundo.
- Ser un agente de reconciliación: hacer que todas las

cosas sean hechas nuevas en lugar de procurar hacer nuevas cosas.
- Ser una persona que se comprometa y no evada su responsabilidad.

Él concluye diciendo: «No me "sujeto" a mi regla como si se tratara de una lista arbitraria de obligaciones, sino que le permito que configure mi vida diaria a través del impulso del Espíritu Santo».

EL PODER QUE TIENE LA COMUNIDAD EN LA TRANSFORMACIÓN ESPIRITUAL

Nunca será demasiado enfatizar acerca de la importancia que tiene la comunidad en cuanto al proceso de transformación. Esto no tiene nada que ver con el activismo que por lo general acompaña a la vida de la iglesia: se trata de compartir aquietadamente la travesía con otros que también han sido conducidos a niveles más profundos de transformación espiritual que les permiten discernir y llevar a cabo la voluntad de Dios. Como ya lo señalamos, Jesús eligió una comunidad espiritual que lo acompañara en su travesía espiritual por esta tierra, y él definió a su comunidad espiritual como aquellos que estaban dispuestos a buscar y obedecer la voluntad de Dios (Marcos 3:33-34).

El deseo de conocer la voluntad de Dios para hacerla y el vivir una vida que lo posibilitara conformó la identidad primaria de los discípulos, y constituyó el fundamento sobre el que se establecieron en unidad. Ellos comían juntos, viajaban juntos, dormían juntos bajo las estrellas, ministraban juntos, hablaban entre ellos, se hacían preguntas, discutían, y hasta se presentaban desafíos unos a otros. Se mantuvieron juntos bajo coacción, conflictos, traiciones y hasta muerte, buscando hacer la voluntad de Dios y volviéndose más como Jesús durante el proceso. En el crisol de la comunidad fueron formados y moldeados para convertirse en los futuros líderes de la iglesia. Sufrieron cambios como individuos, y finalmente cambiaron al mundo a través de la inauguración de una nueva clase de relación con Dios a través de la persona de Cristo.

Dándole una mirada más cuidadosa al ritmo relacional de la vida de Jesús, descubrimos que dentro del pequeño grupo de los doce había tres discípulos con los que él tenía una intimidad más especial. A estos tres él los invitó a estar con él en los momentos más privados de su sufrimiento y agitación en el Jardín de Getsemaní. Aun cuando ellos le fallaron significativamente en ese lugar, el pedido que Jesús les hizo indica que él estaba en contacto con su necesidad de una amistad íntima y un apoyo espiritual. Una cosa es contarle a alguien acerca de algo con lo que hemos luchado y sobre lo que hemos tenido victoria usando los verbos en pasado; otra muy distinta es invitar a una persona a quedarse con nosotros en medio de nuestra lucha presente cuando no estamos seguros del resultado. Las relaciones que se dan a este nivel resultan verdaderamente transformadoras.

Dentro de la comunidad de fe más amplia, siempre hay unos pocos más selectos con los que nos sentimos seguros como para avanzar más a fondo en cuanto a confesar, decir la verdad, hacer preguntas agudas, presentar desafíos, confrontarnos entre nosotros, y dar y recibir orientación espiritual. En la tradición cristiana, esta clase de relaciones se llaman amistad espiritual. Este tipo de relaciones se caracteriza porque se da un chispazo de afinidad que se profundiza con el tiempo en amor. Tiene como característica la profunda disposición de cada persona a dejarse conocer por la otra. A medida que crece el amor, se acepta un cierto nivel de desafío y aun se espera que así sea porque se produce un profundo nivel de compromiso con el bienestar del otro.

Al concluir nuestra labor inicial con los ritmos espirituales, es de una gran importancia que nos demos cuenta de que no los podemos llevar a cabo solos. Ninguno de nosotros puede hacerlo. Dentro de nuestro compromiso hacia la comunidad de fe más amplia, la iglesia, busquemos encontrar por lo menos una persona (mejor varias) que comparta nuestro deseo de Dios y que esté dispuesta a caminar por el sendero de establecer ritmos espirituales con nosotros. «Más valen dos que uno... Si caen, el uno levanta al otro. ¡Ay del que cae y no tiene quien lo levante!» (Eclesiastés 4:9-10).

> *El sendero que conduce a la plenitud espiritual se halla en una respuesta cada vez más fiel a aquel cuyo propósito configura mi senda, cuyo poder me libera de la esclavitud que me mantenía impedido durante mi travesía previa, y cuya presencia transformadora me sale al encuentro en cada recodo del camino.*
>
> ROBERT MULHOLLAND
> *INVITATION TO A JOURNEY* [Invitación a una travesía]

DESEO SAGRADO, MOMENTOS SAGRADOS

El deseo tiene sus propios ritmos. A veces muestra flujos y reflujos. Pero finalmente la profundización del deseo espiritual y la disciplina de acomodar nuestra vida alrededor de ese deseo es lo que nos saca de las aguas poco profundas del deseo humano superficial e introduce nuestra alma al movimiento de las mismas profundidades de Dios. A veces la marea nos lleva más cerca de la costa, y el alma retoza con las olas. Pero cada vez más vamos descubriendo que nuestra vida está escondida en las profundidades de Dios, y cualquier cosa que aparezca en la superficie brota de aquellas profundidades llenas de belleza y gracia.

No sé qué te sucede a ti, pero yo ansío la libertad y la belleza de una vida completamente orientada hacia la realidad de Dios. Anhelo experimentar que mi alma esté escondida y contenida dentro de las mismas profundidades de Dios, de modo que lo que se vea en la superficie haya sido transformado y energizado por lo que sucede en esas profundidades. La elección de orientar nuestra vida hacia la presencia transformadora de Dios es siempre nuestra; los momentos sagrados nos ayudan a decir que sí o no a ese deseo día tras día.

> *No me preguntes dónde vivo*
> *o qué me gusta comer...*
> *Pregúntame para qué vivo*
> *y qué creo que me estorba*
> *para lograr vivirlo plenamente.*
>
> THOMAS MERTON,
> *Thoughts in Solitude* [Pensamientos en soledad]

PRÁCTICA

Al llegar al final de este libro, programa un espacio para realizar un retiro o para un tiempo extenso de soledad en tu casa a fin de reflexionar sobre tus experiencias con las disciplinas espirituales que has explorado. Al comenzar tus reflexiones, tómate tiempo para entrar en esa clase de quietud que le permita a tu alma salir y mostrarse ante la presencia de Dios.

Presta atención a tus deseos: Pregúntate: ¿Qué palabras, frases y oraciones parecen captar con mayor coherencia la sensación de anhelo por Dios y por una transformación espiritual que experimento en estos días? ¿Qué es lo que percibo como más necesario en estos días?

Reconoce el misterio que implica la transformación espiritual y tu impotencia para producirlo: Pregúntate: ¿En qué áreas de mi vida presente tengo mayor conciencia de mi necesidad de una transformación y de mi impotencia para producirla? Reconoce tu impotencia delante de Dios, y cuéntale acerca de tu deseo de estar disponible para lo que él desee de una manera coherente, de modo que él pueda realizar su obra transformadora en ti.

Presta atención a lo que has experimentado en tus prácticas espirituales: Pídele a Dios que te muestre qué disciplinas, practicadas de qué manera, te han transmitido más vida.

Considera los puntos de consolación y desolación, y también aquellos momentos en los que pareció que Dios se encontraba contigo dentro del contexto de tus prácticas. Trata de descubrir cuáles te han resultado más demandantes y cuáles te han llevado a niveles más profundos de contacto con Dios y de transformación hacia la semejanza a Cristo. Pregúntate: ¿Qué prácticas y relaciones espirituales parecen más poderosas para cumplir los deseos de mi corazón en este preciso momento?

Comienza a desarrollar un plan: En base a tus reflexiones, ¿qué es lo que comienzas a percibir en cuanto a los requerimientos mínimos (diarios/semanales/mensuales) necesarios para lograr una formación espiritual continua? ¿Qué es lo que has notado? ¿Qué actividades en concreto quieres asumir como forma de ofrecerte a Dios con coherencia y continuidad? Pídele a Dios su guía para armar un ritmo de prácticas espirituales que satisfaga tus deseos de alcanzar una conexión transmisora de vida con él que te lleve a una auténtica transformación espiritual. Incluye:

- Soledad y silencio (diariamente y en períodos más extensos)
- Oración
- *Lectio divina*
- Examen de toma de conciencia
- Autoexamen y confesión
- Respeto por el cuerpo
- Discernimiento (que incluye la consolación y la desolación)
- Día sabático
- La comunidad

Planifica por escrito: Asegúrate de tener en cuenta los límites que te pone y las oportunidades que te ofrece la etapa de la vida por la que estás atravezando, y también tu personalidad y tus circunstancias.

¿En qué practicas procuraré comprometerme diariamente? ¿Y semanal, mensual y anualmente? ¿De qué modo me comprometeré con esas disciplinas? ¿En qué momento del día/semana/mes/ año?

En el proceso de «marchar juntos», ¿qué he aprendido con respecto la importancia de la comunidad?

¿De qué disciplinas espirituales le contaré a un amigo espiritual, o a un grupo de amigos, para poder crecer juntos?

¿Qué actividades o prácticas adicionales me resultan particularmente importantes dado mi tipo de personalidad o de espiritualidad?

¿De qué modo las incorporaré al ritmo de mis prácticas espirituales?

¿Necesito algunas prácticas en particular a causa de mis pecados o patrones negativos? (Ver en el apéndice A, que ofrece una lista de varios pecados y de las disciplinas que pueden ayudar a confrontarlos.)

¿De qué modo necesito ajustar mis horarios para poder elegir coherentemente esta regla de vida?

¿Qué ajustes necesito hacer en referencia a aquellos con los que vivo?

¿Necesito discutir algo con mis compañeros de trabajo para que todo esto resulte posible?

Haz una pausa: Luego de haber puesto por escrito tus deseos y planes para el establecimiento de los ritmos espirituales, tómate un descanso si lo deseas. Ve a realizar una caminata, duerme una siesta, lee algo, ora o siéntate en silencio. Si estás realizando esta planificación en tu casa, siéntete libre de dejarlo por uno o dos días. Luego regresa a ella y repasa lo que has programado.

¿Qué te parece el plan y cómo lo sientes ahora? ¿Es lo bastante personalizado? ¿Es equilibrado y realista?

¿Lo consideras un emprendimiento flexible y no un chaleco de fuerza legalista?

¿Existen preguntas o preocupaciones que te gustaría mencionarle a un amigo espiritual o a otros que puedan orar por ti?

Encomiéndate en oración: ¿Estás dispuesto a comprometerte con este plan *por el deseo que sientes de Dios* más que por un sentido del deber?

Cuando te sientas listo, entrégate en oración a tu regla de vida personal como forma de abrirte de un modo coherente a la obra transformadora de Dios en ti.

Observa con tranquilidad: Siéntete libre de explorar y experimentar tus ritmos y de hacer ajustes a lo largo del camino. Luego de seis meses, tómate un tiempo más extenso en la presencia de Dios para evaluar la forma en que marcha todo y para decidir si hace falta realizar algún ajuste mayor.

UNA NOTA DE GRATITUD

*«Cuanto más envejecemos, más dulce y tierno
nos parece el Misterio»*

UNA DEVOTA VIEJECITA
DE NOVENTA Y CUATRO AÑOS

Tengo que confesar algo. Cuando estaba acabando de escribir este libro, perdí mi ritmo. Por diversas razones, tuve luchas para lograr que el manuscrito estuviera a tiempo, y al acercarse la fecha de entrega, reorienté radicalmente mi vida hacia la finalización del proyecto. Sin entrar en todos los detalles *sangrientos*, alcanza con admitir que eso sucedió (como nos pasa a todos de vez en cuando), y contarles lo que descubrí durante ese período.

Al observar las cosas durante un tiempo desde el ventajoso punto de vista que me proporcionaba el encontrarme fuera de mis ritmos normales, pude ver mi vida con mayor claridad de lo que logro hacerlo muchas veces. Y tomé completa conciencia de que amo mi vida cuando logro vivirla dentro de los ritmos a los que Dios me ha guiado; hay en ella una bondad y docilidad que hacen que todo mi ser la anhele, y tienda a buscarla. Sí, hay mucha actividad y trabajo, pero también tiempos de descanso y deleite con los que mi alma puede contar. Existen los sufrimientos normales y los desafíos que nos presenta la vida, pero también la belleza y plenitud cotidianas que provienen del prestarle atención a Dios y descubrirlo en medio de todo.

Al tratar de abrirme camino a través de esas pesadas semanas (¡y gracias a Dios que fueron pocas!), me encontré diciendo: «Ya no quiero escribir más acerca de los ritmos; ¡solo ansío vivirlos!» En medio de las luchas por lograr poner todo en palabras, fue bueno entender (realmente *entender*) que la sabiduría contenida en la tradición cristiana de cultivar una regla de vida es verdadera. No se trata de apenas otro plan de autoayuda; constituye una forma de llevar una vida en Dios que ha sido diseñada con la intención de llenar nuestros anhelos más profundos, en la medida en que sea posible de este lado del cielo. Y que intenta conducirnos a un estilo de vida que opera de la manera más profunda.

Así que estoy llena de gratitud por la amabilidad y la ternura del Misterio que no nos juzga ni nos reprende sino que con suavidad busca llevarnos de nuevo a aquello que es bueno. Y estoy agradecida por la familia, los amigos y los colegas de la editorial que se han mostrado pacientes y protectores conmigo, orando y amándome todo el tiempo hasta que acabé el trabajo. Y también oro por cada uno de ustedes, para que encuentren la manera de entrar en estos ritmos de vida que nos llevan a amar nuestra existencia, no porque ellos sean perfectos sino porque nos permiten experimentar al Dios con nosotros y a ajustar nuestras vidas a aquello que más desea nuestro corazón.

APÉNDICE A

Marchar juntos

El propósito de marchar juntos en amistad espiritual y comunidad espiritual (seamos dos o formemos un pequeño grupo) es escuchar el deseo que tiene cada uno de Dios, alimentar ese deseo en el otro y apoyarnos unos a otros en lo que hace a buscar una forma de vida que resulte coherente con ese deseo. La amistad espiritual no es para brindar consejos, resolver problemas o arreglar cosas. Ni siquiera tiene que ver con un estudio bíblico. Es más bien para ayudarnos a que unos y otros podamos prestar atención al movimiento de Dios en nuestras vidas a través de las disciplinas espirituales y para apoyar a los demás en cuanto a responder con fidelidad a la presencia de Dios.

El mejor modo de experimentar juntos este libro es avanzar capítulo por capítulo. Cada persona lee el capítulo por adelantado y practica la disciplina de forma personal. Luego, al encontrarnos, podemos reflexionar juntos acerca de nuestras experiencias y también entrar en algunos aspectos de las disciplinas juntos. Si a nosotros nos toca dirigir el grupo, encontraremos algunas sugerencias más en el apéndice B.

CAPÍTULO 1: EL ANHELO DE ALCANZAR MÁS

Comencemos con unos pocos momentos de silencio, creando el espacio para que cada uno se coloque en una postura que le permita escuchar en quietud a Dios y también prepararse para oír profundamente a los otros. En la quietud, reflexionemos sobre nuestra experiencia en cuanto a escuchar nuestros propios anhelos y sobre aquello que Dios quiere que comuniquemos al grupo. Luego de algunos momentos de silencio, el líder, o alguna persona designada a tal fin, hará una breve oración pidiéndole a Dios que nos guíe al pasar este tiempo juntos y que nos ayude a escucharnos verdaderamente unos a otros.

Invitemos a las personas a que transmitan sus experiencias referidas a prestarle atención a sus deseos en la presencia de Dios. Usemos las siguientes preguntas.

¿Con cuál de las distintas historias en las que Jesús preguntó: «¿Qué deseas que haga por ti» te sientes más claramente identificado? (Es posible que muchas personas ni siquiera hayan llegado al punto de escuchar a Jesús hacerles esa pregunta. Tal vez todavía se sienten como si estuvieran sentados al costado del camino o recostados junto al estanque. Está bien. Permitamos que la gente se ubique en el lugar en el que se encuentra dentro de estas historias y describa sus experiencias.)

¿De qué modo respondiste a la pregunta de Jesús cuando sentiste que te la hacía a ti personalmente? ¿Qué sentimientos y palabras expresan el deseo que experimentas en estos días? (Animemos a la gente a mencionar lo que han escrito en su diario, si es que eso los ayuda).

¿De qué modo percibiste la respuesta de Dios en medio de tus deseos? (El deseo es algo muy tierno y vulnerable para hablar de él con otras personas. Seamos muy cuidadosos al recibir las palabras de cada persona de hacerlo con reverencia y gratitud. Mostremos apoyo, pero también cuidémonos de no irrumpir introduciendo nuestros propios pensamientos y perspectivas.)

Concluyamos juntos este tiempo en oración, agradeciendo a Dios por su presencia con nosotros. Si lo deseamos, pidamos a todos los que integran la rueda que oren por la persona que está sentada a su derecha, confirmando sus deseos y pidiéndole a Dios que continúe satisfaciéndolos. Si alguno siente que debe dar un paso hacia una acción a la que se cree llamado, oremos para que Dios le dé el coraje para hacerlo.

CAPÍTULO 2: LA SOLEDAD

Comencemos con algunos momentos de silencio que nos recuerden el propósito que tenemos al reunirnos y para realizar la transición de las conversaciones a la quietud, tratando de colocarnos en un lugar de profunda receptividad para poder escuchar al otro. Si tenemos el tiempo, el silencio puede durar entre quince minutos y media hora para que los participantes experimenten la práctica que se encuentra al final del capítulo. Designemos una persona para concluir el tiempo de silencio con una oración de invitación a que Dios nos guíe y asista al estar en compañía unos de otros.

Contémonos unos a otros acerca de nuestras experiencias con la soledad y el silencio, recordando que no hay respuestas «correctas» o «incorrectas», dado que el silencio constituye nuestra invitación a Dios para que nos hable y se mueva dentro de nosotros *según su propia iniciativa*. Parte de la disciplina consiste en comenzar a soltar nuestros mecanismos de control y hacer espacio para recibir lo que sea que Dios nos dé (o no nos dé) en esos momentos.

¿Cómo te ha resultado el sentarte en quietud, para descansar en Dios y permitirle a tu alma que aflore? ¿Hubo algo que tu alma se sintió capaz de expresar que no había logrado decir en medio del ruido y la actividad intensa de tu vida? ¿Hubo algo que finalmente Dios pudo decirte en esa quietud?

¿Hay algo que en particular obstaculiza tus intentos de honrar este compromiso? ¿De qué modo te ha guiado Dios en eso?

¿De qué modo planeas lograr una mayor determinación en cuanto a incorporar la soledad y el silencio al ritmo habitual de tu vida? ¿Has logrado elegir un «lugar sagrado»: un tiempo y un espacio separado para Dios y solo para él?

¿Estás entrando en esto por el deseo que sientes en lugar de considerar que se trata solo de algo más que tienes que hacer?

Al finalizar el tiempo en que estamos juntos, tomémonos unos instantes para orar muy sencillamente los unos por los otros para que Dios nos ayude en nuestro intento de establecer el ritmo de la soledad.

CAPÍTULO 3: LAS ESCRITURAS

Comencemos juntos este tiempo con silencio y luego hagamos una breve oración para pedirle a Dios que nos ayude a escucharlo a él y a escucharnos entre nosotros en medio de esta reunión.

Tal vez deseemos hacer esta pregunta en forma general: «¿Cómo le va a tu alma?», para permitirle a cada persona contar con un tiempo y un espacio amplios como para poder abrirse en una profundidad que le resulte confortable antes de avanzar hacia el tópico más específico de las Escrituras.

Resume en tu respuesta las distinciones que se establecen en este capítulo entre la lectura de un libro de texto y la lectura de una carta de amor. ¿Cuál ha sido tu enfoque con respecto a las Escrituras últimamente? ¿Se parece más a la lectura de un libro de texto o a la de una carta de amor?

El próximo paso será entrar propiamente en el proceso de la *lectio divina* como ejercicio del grupo y luego se realizará una puesta en común. Permitamos que el líder del grupo u otra persona designada conduzca este tiempo, siguiendo los movimientos del proceso de la *lectio* pero dándoles a los miembros del grupo el tiempo como para expresar lo que Dios les dice a medida que avanzamos en ella. Si hubiera un pasaje que deseamos usar para este ejercicio, podemos hacerlo. Si no, utilicemos Marcos 10: 48-52

Preparación: Tomémonos un momento para asegurarnos de estar completamente presentes aquí. Dejemos que nuestro cuerpo se relaje, y permitámonos tomar clara conciencia de la presencia de Dios con nosotros. Respiremos profundo. Expresemos nuestro deseo de escuchar a Dios, usando una oración corta como «Ven, Señor Jesús», «Aquí estoy», o «Habla, Señor, que tu siervo escucha».

Lectura: *Prestemos atención a una palabra o frase que nos impacte.* El que dirige le recordará al grupo: «Estén atentos a una palabra o frase que les llegue o capte su atención de un modo especial», y luego leerá Marcos 10:48-52 lentamente, haciendo pausas entre las frases y las oraciones. Luego de la lectura, el líder les concederá un momento de silencio en el que los individuos podrán meditar y saborear la palabra que han recibido, sin juzgarla o analizarla. Luego del silencio, el que conduce invitará a los participantes a acercarse a cada uno de los que componen el grupo y mencionar cuál es la palabra que han recibido, sin analizarla ni comentarla. Cualquiera está libre de decir «paso», si lo desea.

Reflexión: *¿De qué manera esta palabra toca mi vida?* Recordémosle al grupo que esta vez deben prestar atención a la manera en que el pasaje se conecta con su vida mientras el que conduce vuelve a leer el pasaje. Demos varios minutos de silencio a continuación de la lectura para reconocer nuestros pensamientos, percepciones e impresiones sensoriales. Cuando el pasaje leído es una historia, cada persona puede preguntarse en silencio: ¿Me veo a mí mismo dentro de la historia? ¿Qué es lo que escucho al imaginarme a mí mismo metido en esta historia? ¿Me parece que esas palabras fueran dirigidas a mí? El que conduce entonces invitará a los participantes a que se acerquen a los demás integrantes del grupo y les mencionen brevemente de qué manera sienten su vida tocada por esas palabras.

Respuesta: *¿Percibo que se me hace una invitación a la que debo responder de alguna manera?* El líder leerá el pasaje una vez más, e invitará a los miembros del grupo a escuchar la invitación que Dios les hace. En el silencio que sigue luego de la lectura, ellos podrán responder a la invitación de Dios, permitiendo que su oración fluya desde el corazón con toda la sinceridad de la que sean capaces, estableciendo un diálogo con Dios. Luego de uno o dos minutos de silencio, el que conduce invitará a los participantes a acercarse a cada uno de los demás y declarar cuál consideran como la invitación que Dios les extiende a ellos. Otra vez, no elaboremos, expliquemos, justifiquemos ni comentemos lo que los demás dicen. Simplemente recibámoslo en un espíritu de oración.

Descanso: *descansar en la palabra de Dios.* El líder leerá el pasaje una última vez, en esta ocasión invitando a los miembros del grupo a soltar toda preocupación que puedan tener y a volver a un lugar de descanso en Dios. En el silencio que siga a continuación, descansemos en la presencia de Dios como el bebé recién alimentado que se recuesta sobre el pecho de su mamá en una posición de total entrega. Luego de un minuto o dos de silencio, el líder concluirá con una breve oración, o los miembros del grupo podrán hacer una corta oración cada uno por la persona que tienen a su derecha.

Algunas pocas preguntas más pueden ayudar al grupo a procesar sus experiencias relacionadas con la *lectio divina* hasta aquí.

¿Con qué aspectos del proceso de la lectio divina *te sientes cómodo? ¿Qué aspectos te resultan incómodos?*

¿Qué te ha dicho Dios en estos días a través de las Escrituras? ¿Te ha dado alguna palabra específica?

¿A qué te está invitando Dios? ¿Cómo le respondes?

Tengamos cuidado de no «hablar hasta por los codos». Permitamos que la gente se vaya en silencio para que no pierdan el impacto de lo que Dios les ha dicho.

CAPÍTULO 4: LA ORACIÓN

Comencemos con unos pocos momentos de silencio y una oración de invitación a que Dios nos guíe a participar juntos. Luego hablemos los unos con los otros acerca de lo que la oración representa para nosotros en estos días.

¿Te parece que estás en el lugar de transición que este capítulo describe? ¿Tienes la sensación de que Dios te invita a entrar en una intimidad con él que va más allá de las palabras?

¿Cómo te ha resultado el sentarte en quietud y comenzar a escuchar tu oración de respiración? Cuéntales a los demás un poquito (o mucho) acerca de tu oración de respiración. (No obliguemos a nadie a hacerlo, ya que la oración de respiración es algo muy íntimo).

Si nos encontramos con nuestro amigo espiritual, tomémonos el tiempo para orar el uno por el otro, utilizando el ejercicio que aparece a continuación. Si nos reunimos con un grupo pequeño, separémonos de a dos para realizar este ejercicio. Es importante que encontremos un lugar tranquilo y silencioso en el que no nos distraigamos ni seamos interrumpidos.

Uno de los dos elegirá realizar el ejercicio primero y el otro lo hará en segundo lugar, asignándosele alrededor de quince minutos a cada persona para llevarlo a cabo. El primero pasará por el ejercicio entero, y luego la segunda persona hará lo mismo.

Silencio: Comencemos el tiempo de oración con unos pocos momentos de silencio en los que identifiquemos y encontremos las palabras con las que pedirle a Dios lo que más necesitamos y deseamos de él en este momento. No tiene por qué tratarse de algo muy importante o que sacuda la tierra, sino que será simplemente aquello que nos preocupa.

Durante este tiempo nuestro amigo espiritual se sentará callado junto a nosotros, apoyándonos con solicitud y en oración silenciosa.

Súplica: Cuando estemos listos, contémosle a nuestro amigo brevemente lo que entendemos con respecto a nuestro deseo espiritual, y participémosle nuestra oración de respiración si lo consideramos apropiado. Luego expresemos este deseo en voz alta en una oración.

Intercesión: Cuando acabemos de orar en voz alta, nuestro amigo espiritual orará por nosotros, quizá reiterando lo que nos ha oído decir acerca de nuestro deseo, validándolo, intercediendo a nuestro favor.

Descanso: Cuando ya no nos queden palabras, pasemos un momento más en silencio, descansando juntos, con el conocimiento de que Dios tiene buenas intenciones hacia nosotros, y sabiendo acerca de su infinita capacidad para llevarlas a cabo. Tal vez deseemos acabar este tiempo con una simple expresión de gratitud hacia nuestro amigo por haber orado con nosotros y por nosotros.

Repitamos este proceso con la segunda persona. Al separarnos, comprometámonos a continuar intercediendo el uno por el otro durante la semana.

CAPÍTULO 5: HONRAR EL CUERPO

Iniciemos juntos nuestro tiempo tomándonos un momento para quedarnos en silencio y respirar. Prestémosle particular atención a nuestra postura y a la comodidad de nuestro cuerpo. Respiremos profundo por lo menos tres veces y luego descansemos confortablemente en nuestro asiento por algunos instantes. Designemos alguna persona para concluir este período de silencio en oración, invitando a Dios a hacerse presente al participar juntos.

Reflexionemos con nuestro compañero sobre nuestras experiencias de vivir en un cuerpo.

¿Te resulta fácil o difícil aceptar que honrar el cuerpo sea una disciplina espiritual?

Según lo que has leído y a partir de tu experiencia, ¿en qué área te ha hablado Dios con más claridad acerca de honrar tu cuerpo como parte de tu vida en él?

¿Necesitas tomar la determinación de cuidar más tu cuerpo? ¿Qué implicaría eso para ti?

¿Tu cuerpo ha estado tratando de decirte algo a lo que no le has prestado atención? ¿Cómo respondes al tomar conciencia de ello?

¿Tu cuerpo te ha estado guiando a orar? ¿De qué modo has respondido? ¿Hay alguna manera en la que puedas conectar tu vida en el cuerpo con las prácticas espirituales?

Como parte de la experiencia de este grupo pequeño, podemos tomarnos el tiempo de salir para realizar juntos una caminata lenta y en meditación. O tal vez podemos hacer algo sencillo como arrodillarnos juntos para orar.

CAPÍTULO 6: AUTOEXAMEN

Tomémonos cinco minutos al comienzo del tiempo que estemos juntos para sentarnos en silencio y entrar en la oración de examen tal como aprendimos a hacerla en este capítulo. En el silencio, reflexionemos sobre las últimas veinticuatro horas.

Notemos aquellos lugares en los que Dios ha estado presente y los lugares en los que nos pareció ausente. Prestemos atención a aquellos lugares en los que experimentamos las bondades de nuestro ser tal como fue creado y las maneras en las que Dios nos está transformando. Agradezcamos a Dios por su bondad en nuestras vidas. También notemos los lugares en los que no somos todo lo que nos gustaría ser, y las ocasiones en las que no fuimos como Cristo. Sin emitir juicios ni autocondenarnos, permitámosle a Dios que nos muestre lo que contribuyó para que se diera esa situación. Confesémosle a él, si estamos listos para hacerlo. Permitámonos recibir su perdón.

Luego de cinco minutos más o menos, el que conduce (o alguien al que el grupo haya designado) puede dar por concluido el silencio a través de una breve oración. Pasemos a un tiempo de reflexión, y contémonos unos a otros acerca de nuestra experiencia al incorporar el examen de toma de conciencia y el examen de conciencia a nuestros ritmos espirituales.

¿Cuándo te funcionó bien el llevar a cabo esta práctica?

Al practicar esta manera de revisión de tus días, ¿qué has notado con respecto a la presencia de Dios contigo? ¿Hay ciertas maneras que Dios usa contigo que no hubieras notado si no estuvieras practicando esta disciplina?

¿Hubo lugares en los que te sorprendió la presencia de Dios, lugares en los que no hubieras esperado encontrarlo?

¿Hay aspectos de tu ser tal como ha sido creado sobre los que puedes alegrarte y celebrar, considerándolos profundamente buenos? ¿Qué diferencia ha marcado esto en ti?

¿Existen pecados o patrones negativos en ti que Dios te haya mostrado durante tus tiempos de examen? ¿De qué manera te está cambiando el reconocer esas áreas delante de Dios y de aquellos que se han visto afectados por esas actitudes y comportamientos? ¿Has podido avanzar a través del proceso de autoexamen para llegar a la confesión, a la liberación y al perdón?

¿Hay alguna manera en que el grupo te pueda apoyar y orar por ti en tu práctica del autoexamen?

CAPÍTULO 7: DISCERNIMIENTO

Junto con nuestro amigo espiritual o con el pequeño grupo comunitario, pasemos algún tiempo reflexionando sobre la idea de que la voluntad de Dios generalmente tiene que ver con que hagamos más de aquello que nos transmite vida (Deuteronomio 30:19; Juan 10:10). ¿De qué modo ha cambiado esto la manera en que ves tu vida?

Entremos en un tiempo de silencio (tres a cinco minutos) para poder reflexionar en forma privada sobre nuestras recientes experiencias con la consolación y la desolación, usando las siguientes preguntas:

> *Desde la última vez en que se reunió el grupo, ¿en qué momento has experimentado la sensación de tener con Dios una conexión transmisora de vida, y la posibilidad de ser más auténticamente tú mismo en Dios y de sacar ese ser auténtico delante de otros en amor?*

> *¿Cuándo has tenido la sensación de que la conexión transmisora de vida con Dios se ha cortado, y también ha sucedido lo mismo con la posibilidad de ser auténticamente tú mismo y darte a los demás en amor?*

Luego del silencio, invitemos a los miembros del grupo a que participen a los demás sus experiencias de consolación y desolación.

> *¿Qué sabiduría, nueva perspectiva o nuevas preguntas ha despertado en ti la conciencia de estas cosas?*

> *¿De qué modo puede estar invitándote Dios a que incorpores a tu vida más de aquello que te infunde vida y menos de lo que te la drena?*

El siguiente debate es opcional; tal vez prefiramos guardarlo para la próxima vez que nos encontremos.

¿Hay alguien en el grupo que debe tomar una decisión y siente un fuerte deseo de conocer la voluntad de Dios y entrar en la práctica del discernimiento? Invitémoslo a hablar sobre la decisión que debe tomar, y luego realicemos las preguntas incluidas a continuación:

> *¿En qué punto del proceso de discernimiento estás, según lo bosquejado en este capítulo (orar pidiendo indiferencia, orar por sabiduría, descubrir sin juzgar, reunir información)?*
>
> *¿Qué cosas te resultan claras en este momento? ¿Qué preguntas tienes?*
>
> *¿Qué necesitas de Dios y de los demás al procurar llegar a una decisión?*

Tomémonos tiempo para orar por aquellos que buscan la sabiduría de Dios de esta manera. Si varios de los miembros del grupo tienen decisiones que tomar y procuran implementar la práctica del discernimiento, consideremos dedicar toda una sesión al tema.

CAPÍTULO 8: EL DÍA DE REPOSO

Comencemos el tiempo juntos pidiéndole a alguien del grupo que lea las páginas 165-167 que comienzan con: «Lo que sí sé es que tienen que existir momentos en nuestra vida en los que nos movamos lentamente... tiempos en los que sea mejor caminar que correr...» Prosigamos hasta el final del capítulo y tomémonos unos momentos de silencio para permitir que los miembros del grupo reflexionen sobre su necesidad y su anhelo de ese tiempo pleno. Llevemos ese silencio a una conclusión haciendo una breve oración, invitando a Dios a que nos ayude a vivir en medio de nuestros anhelos.

Hablemos unos con otros con respecto al punto en el que estamos en nuestra travesía de exploración de la práctica del día de reposo.

¿Cuáles son los espacios de tu vida en los que has experimentado limitaciones humanas? ¿En qué momentos eres consciente de tu propio deseo de llevar un ritmo sano de trabajo y descanso? ¿Te sientes particularmente identificado con alguna de las experiencias que la autora describe en este capítulo?

¿En qué punto estás, en términos de motivación, para comenzar a incorporar el tiempo sabático a tu vida? ¿Cuáles son los desafíos e imposibilidades particulares que enfrentas en tu situación? ¿Dónde crees que te sería posible, al menos, dar un puntapié inicial?

¿Ya has estado practicando la disciplina de guardar el día sabático? ¿Hay algo que nos puedas transmitir de lo que has experimentado en la vida real que le resulte útil al grupo?

Terminemos juntos este tiempo invitando a cada persona a declarar su deseo e intenciones con respecto al día sabático. Si hubiera aunque sea un mínimo paso que pudieran dar hacia la práctica del día de reposo, deberían manifestarlo también. Oremos unos por otros para que Dios nos permita a cada uno dar ese paso que hemos identificado como posible, aunque sea muy pequeño.

CAPÍTULO 9: UNA REGLA DE VIDA

Comencemos juntos nuestro tiempo con un momento de silencio en el que nos permitamos el espacio para reflexionar con respecto a nuestro anhelo de una forma de vida que funcione, un estilo de vida que nos permita realizar elecciones diarias que nos hagan capaces de ir más a fondo en el proceso de la transformación espiritual.

¿Cuál es el anhelo de tu corazón en estos días? ¿Cuándo sientes ese anhelo? ¿Qué es lo que te dice ese anhelo?

Luego de unos momentos de silencio, pidamos al líder o a alguna persona que hayamos designado que haga una oración en voz alta, invitando a que Dios nos guíe a expresar lo que hay en nuestras vidas al responder a las siguientes preguntas:

¿De qué manera se ha profundizado durante los últimos meses tu determinación con respecto a incorporar las prácticas espirituales?

¿Qué disciplinas han sido las más significativas en cuanto a producir la clase de cambio de vida que buscas? ¿Qué diferencia ha marcado el comenzar a incorporar estas disciplinas a tu vida?

Al trabajar con los ejercicios de la «Práctica», ¿has logrado armar un ritmo de prácticas espirituales que te permita vivir coherentemente con los más profundos anhelos de tu corazón?

¿Cuáles son los requerimientos diarios mínimos para mantener la intimidad y disponibilidad hacia Dios que han producido como resultado una transformación espiritual? ¿Cuáles son los ritmos diarios, semanales y mensuales con los que te gustaría comprometerte a modo de comienzo?

¿Qué arreglos crees que es necesario hacer con aquellos que viven más cerca de ti?
¿Qué desafíos anticipas que vas a enfrentar?

¿De qué manera continuarás manteniendo una amistad espiritual o una comunión espiritual que te ayude a vivir coherentemente con el deseo de tu corazón y a continuar descubriendo la obra transformadora de Dios en tu vida, y cómo respondes a ella?

Después de que cada persona explique los ritmos que busca establecer, oremos para que Dios le permita esforzarse al enfrentar todos los desafíos, y para que pueda responder con una creciente fidelidad a las invitaciones de Dios.

APÉNDICE B

Experiencia en el liderazgo de un grupo

Es importante comenzar la exploración compartida en grupo de los *Momentos Sagrados* clarificando el propósito. El grupo pequeño se reunirá para escuchar a los demás expresar su deseo de Dios, para apoyarse mutuamente en las prácticas espirituales que nos ayudan a buscar a Dios, y para asistirnos unos a otros en cuanto a prestar atención a la actividad de Dios en nuestras vidas cotidianas y en nuestras prácticas espirituales.

Luego de clarificar el propósito del grupo, preguntémosles a los miembros si verdaderamente están dispuestos a realizar juntos esta travesía, como pequeña comunidad, para tratar de alimentar en los otros el deseo de Dios y para apoyarse mutuamente en la búsqueda de una forma de vida que resulte coherente con ese deseo. Si la respuesta es que sí, guiemos al grupo a realizar estos compromisos básicos que figuran a continuación al iniciar juntos el viaje (si resulta necesario, animémoslos a que agreguen otros valores o cuestiones que aumenten su sentido de disposición a comprometerse con el grupo):

- Seremos fieles a nuestro ritmo personal de prácticas espirituales.
- Nos apoyaremos y oraremos los unos por los otros en este intento de desarrollar un ritmo de prácticas espirituales en nuestras propias vidas y de responder con fidelidad a las invitaciones que Dios nos haga a lo largo del camino.
- Respetaremos la relación personal que tenga cada uno con Dios, en la comprensión de que la relación personal con Dios de cada persona sucede por iniciativa de Dios y bajo su dirección y control.

- Crearemos y mantendremos un medio ambiente seguro en el que se puedan expresar preguntas y dudas. Esto significa que escucharemos en lugar de tratar de arreglar las cosas, y que haremos preguntas antes que dar respuestas.
- Buscaremos aumentar la conciencia propia y procuraremos mostrar una apertura apropiada en cuanto a nuestras cosas.
- Prestaremos una atención particular a los momentos y maneras en los que Dios se mueve en la vida de cada persona y trataremos de reafirmar las evidencias de crecimiento y transformación en cada uno.
- Guardaremos la confidencialidad. Aquello de lo que se haga partícipe al grupo permanecerá solo dentro del grupo.

Aquellos que lideren el grupo deben constituir ejemplos de estos valores y conductas, y a veces deberemos volver a recordarle al grupo acerca de esta manera de estar juntos (en especial en las etapas más tempranas de su desarrollo). A veces tendremos que guiar al grupo a que regrese a estos principios, cuando comienzan a divagar en una simple discusión de ideas, o a brindar consejos, intentar solucionar problemas o simplemente intercambiar información. Recordemos que nos enfocamos en la transformación y no en la información.

Siempre que sea posible, sigamos las sugerencias de incorporar nuevos aspectos de las disciplinas en los momentos en los que nos juntamos. La disciplina de comenzar con un tiempo de silencio compartido, en particular, prepara al grupo para encontrarse en formas llenas de significado en lugar de permitir que ese tiempo degenere en conversaciones intrascendentes o superficiales. Aunque pueda hacernos sentir un poco incómodos al principio, serviremos mejor al grupo al ayudarlo a experimentar verdaderamente las disciplinas cuando se junta. Concluir nuestro tiempo con una oración que celebre lo que Dios está haciendo en la vida de cada persona y reafirme el deseo espiritual de cada uno y sus intenciones para la semana que tienen por delante constituye una forma importante de «unir todas las cosas» que se han compartido y entregárselas a Dios.

Al finalizar, lo más importante que podemos hacer los líderes es ser fieles a nuestra propia exploración de estas prácticas, de modo que seamos capaces de participar de ello a los demás y ofrecerles aquellas perspectivas que solo nos llegan por la propia experiencia. Asegurémonos de transmitir tanto nuestros logros como nuestras luchas como uno más de los que realizan la travesía de la transformación espiritual.

APÉNDICE C

Elección de las disciplinas espirituales que corresponden a nuestras necesidades

Una forma en la que podemos desarrollar más determinación en cuanto a nuestros ritmos espirituales es elegir prácticas y relaciones espirituales que resulten apropiadas a los pecados y patrones negativos que en particular Dios nos está revelando. En tanto que las disciplinas espirituales que hemos explorado en este libro son todas consideradas básicas para la vida cristiana, hay ocasiones en que podemos entrar en ciertas disciplinas dándoles mayor énfasis porque nos resultan especialmente eficaces en cuanto a permitir que Dios obre en nosotros en algunas áreas específicas en las que sabemos que no nos parecemos a Cristo. Por ejemplo, aquellos que están luchando con pecados relacionados con el habla, se beneficiaran al hacer énfasis en la disciplina del silencio, aunque probablemente les resulte un gran desafío. Aquellos que se debatan en patrones de pensamientos negativos posiblemente deseen dedicar más tiempo a permitir que las Escrituras los laven y limpien a través de la *lectio divina*.

El arreglo que hagamos de las prácticas y relaciones espirituales se vuelve aún más personal al elegir disciplinas que corresponden a aquellas áreas en las que reconocemos nuestra necesidad específica de transformación espiritual. La siguiente lista no es exhaustiva, dado que trata únicamente con las disciplinas mencionadas en este libro, y solo es representativa de diferentes patrones de pecado que existen en nosotros los seres humanos. (Para obtener una lista más exhaustiva de disciplinas espirituales, ver *Spiritual Disciplines Handbook* [Manual de disciplinas espirituales], de Adele Calhoun, publicado por InterVarsity Press.) Sin embargo, lo que ofrecemos nos brinda un lugar en el que comenzar a identificar aquellas disciplinas espirituales que resultan más importantes para nosotros en este momento; al continuar adentrándonos en ellas, comenzaremos a realizar nuestra propia experiencia en cuanto a cuáles nos resultan eficaces para los diferentes patrones de los que vamos tomando conciencia. La siguiente lista ofrece unos pocos ejemplos que nos ayudarán a comenzar a mirar las disciplinas de este modo. Luego de identificar una o dos áreas en las que tenemos conciencia de que precisamos transformación, podemos comenzar a incorporar las disciplinas correspondientes a nuestra vida con mayor determinación. En palabras de Richard Foster: «Estas disciplinas constituyen el modo principal en el que podemos presentar nuestros cuerpos a Dios como sacrificio vivo. Hacemos lo que nos es posible con nuestro cuerpo, nuestra mente y nuestro corazón. Dios entonces toma este simple ofrecimiento de nosotros mismos y hace con él lo que nosotros no podemos, produciendo en nosotros hábitos profundamente arraigados de amor, paz y gozo en el Espíritu Santo».

Pecados y patrones negativos	Disciplinas que les corresponden
Murmuración/pecados del habla	Silencio, autoexamen
Ansiedad y preocupaciones	Oración de respiración, reflexión sobre las Escrituras
Envidia y actitud de competencia	Soledad, autoexamen
Descontento	Prestar atención al deseo
Confianza en uno mismo	Silencio, oración, comunidad
Patrones de elusión	Comunidad, amistad espiritual
Hiperactivismo	Soledad, discernimiento, día sabático, regla de vida
Ira y amargura	Silencio, autoexamen, confesión
Sentimientos de incapacidad	Examen de toma de conciencia, conocimiento propio y celebración
Culpa, vergüenza	Soledad, confesión, perdón
Lujuria	Prestarle atención a nuestro deseo en la presencia de Dios
Inquietud y estrés	Prestarle atención a nuestro deseo en la presencia de Dios
Letargo o pereza	Cuidado del cuerpo, ejercicio corporal
Falta de fe	Oración, las Escrituras
Sensación de aislamiento	Examen de toma de conciencia, comunidad
Egoísmo y egocentrismo	Oración y adoración comunitaria
Falta de rumbo	Discernimiento, escuchar al cuerpo

Comenzamos a tener una idea...

NOTAS

Introducción

p. 12   Lo que le da forma a nuestras acciones...», Ronald Rolheiser, tomado de The Holy Longing [El anhelo santo], Doubleday, Nueva York, 1999, p. 7.

Capítulo 1: El anhelo de alcanzar más

p. 22   Podemos encontrar ejemplos de las preguntas de Jesús «¿Qué quieres?» y «¿Qué quieres que haga por ti?» en Mateo 20:20-23, 29-34; Marcos 10:35-40; 46-52; Juan 5:6-7.

Capítulo 2: La soledad

p. 33-34   La historia del sacerdote y la mujer fue tomada de *Taking Flight* [Levantando vuelo], de Anthony DeMello, Doubleday, Nueva York, 1988, p. 29.

p. 44   «... un libro con las crónicas de mi propia travesía...», Ruth Haley Barton, tomado de *Invitación a la soledad y el silencio*, Editorial Vida, Miami, Florida, 2007.

Capítulo 3: Las Escrituras

p. 51   Análisis acerca de leer para alcanzar información o formación: Me considero en deuda con Robert Mulholland por su perspectiva sobre hacer distinción entre el leer para recibir información y el leer para ser formados, la que aparece en *Shaped by the Word* [Formados por la Palabra], Upper Room, Nashville, 1985.

p. 56   La función de lo racional y cognitivo «se ve tan hiperdesarrollado en nuestra cultura... », Robert Mulholland, en *Shaped by the Word* [Formados por la Palabra], p. 23.

p. 61   Los cuatro movimientos de la *lectio divina*: Este enfoque hacia las Escrituras es tan antiguo que originalmente fue presentado en latín. Aunque hemos elegido palabras en inglés para mencionar los movimientos de este proceso, he incluido las palabras en latín entre paréntesis para que la belleza y el matiz del idioma original no se pierdan.

p. 65   «Compartiendo con Dios los sentimientos...», Robert Mulholland, *Shaped by the Word* [Formados por la Palabra], p. 114.

Capítulo 4: La oración

p. 70   «Para comenzar, las palabras nos brotan...», Carlo Carretto, de *Letters from the Desert* [Cartas del desierto], Orbis, Maryknoll, Nueva York, 1972, p. 40.

p. 73   «Cuando leemos la historia acerca de Dios...», Henri J. M. Nouwen, de «Running from What We Desire» [Alejarnos de lo que deseamos], tomado de *Partnership* [Compañerismo], julio/agosto, 1986, p. 34.

p. 76   «*Guarda silencio ante el Señor, y espera en él*», Salmo 37:7; Salmo 46:10; Salmo 62:1.

p. 78   «Durante este período, brota la oración conocida como letanía...», Carlo Carretto, tomado de *Letters from the Desert* [Cartas del desierto], p. 43.

p. 85   «Son varios los componentes de esta práctica...»: Tengo una profunda deuda con Joe Sherman, liturgista y cofundador del Centro para la Transformación, por su orientación al desarrollar los ritmos de oración del Centro para la Transformación.

Capítulo 5: Respetar el cuerpo

p. 90   «Un legado ambiguo...», Stephanie Paulsell, en *Practicing Our Faith* [Practicar nuestra fe], Jossey-Bass, San Francisco, 1977, p. 16.

p. 93   «Nuestras sensaciones sexuales se intensifican cuando se restaura nuestra totalidad», Flora Slossun Wuellner, tomado de *Prayer and Our Bodies* [La oración y nuestros cuerpos], Upper Room, Nashville, 1987, p. 71.

p. 95   «Se pone en funcionamiento un mecanismo biológico...», cita de William C. Bukshell que aparece en el artículo de Ira Dreyfuss «Exercise Boosts Spirituality» [El ejercicio aumenta la espiritualidad], *Daily Herald*.

p. 96   «Mi cuerpo, al que alguna vez ignoré y menosprecié, se ha convertido en un aliado...», Elouise Renich Fraser, tomado de *Confessions of a Begginig Theologian* [Confesiones de una teóloga principiante], InterVarsity Press, Downers Grove, Ill., 1998, p. 31.

p. 97   «Orar con todo lo que somos...», Jane E. Vennard, tomado de *Praying with Body and Soul: A Way to Intimacy with God* [Orar con cuerpo y alma: Una forma de intimidad con Dios], Augsburg, Minneapolis, 1998, p.5.

Capítulo 6: Autoexamen

p. 104   «Nuestra cruz es el lugar en el que no somos semejantes...», M. Robert Mulholland, tomado de *Invitation to a Journey* [Invitación a una travesía], InterVarsity Press, Downers Grove, Ill., 1993, p. 38.

p. 115   Análisis de lo que es purificación: El lenguaje se remonta al tiempo del pedido de David a Dios en el Salmo 51, en el que él dice: «Purifícame con hisopo y quedaré limpio».

p. 106   Robert Mulholland describe los estratos de purifica ción en su libro *Invitation to a Journey* [Invitación a una travesía], pp.82-86

Capítulo 7: Discernimiento

p. 135   Estamos «completamente seguros de que no hay ninguna "trampa"...», Dallas Willard, tomado de *The Divine Conspiracy* [La conspiración divina], HarperSanFrancisco, Nueva York, 1998, p. 321.

p. 136   El Espíritu Santo expande las enseñanzas de Cristo: ver *The Art of Christian Listening* [El arte de escuchar cristianamente], de Thomas Hart, Paulist, Nueva York, 1980, p. 67.

p 137   «La voluntad de Dios, nada más...», Danny Morris y Chuck Olsen, tomado de *Discerning God's Will Together* [Discernir juntos la voluntad de Dios], Upper Room Books, Nashville, 1997, p. 90.

p. 138   «La pregunta más pertinente...»: Danny Morris y Chuck Olsen, de *Discerning God's Will Together* [Discernir juntos la voluntad de Dios], p. 76.

p. 138   «El primer llamado del evangelio..., dice Teilhard de Chardin», Ernest Larkin, tomado de Silent *Presence* [Presencia silenciosa], Dimension, Denvielle, N.J., 1981, p. 13.

pp. 140   «Muy profundamente dentro de nosotros hay un sorprendente santuario interior...», Thomas Kelly, *A Testament of Devotion* [Un testamento de devociones], Harper & Row, Nueva York, 1969, p.3.

p. 142   «Los deseos son míos; los deberes de algún otro», de Hart, tomado de *Art of Christian Listening* [El arte cristiano de escuchar], p. 77.

p. 145-146   «Depende mayormente de nuestra madurez espiritual y psicológica...», Larkin, *Silent Presence* [Presencia silenciosa], p. 59.

p. 147 «Nada es más práctico que encontrarnos con Dios...», Pedro Arrupe, S.J. (1907-1991), decimoctavo general de la Sociedad de Jesús (1965-1981) www.calprov.org/vocations/vocationsreflections.html

p. 147 Ejercicio de discernimiento: adaptado de Dennis Linn, Sheila Fabricant Linn y Matthew Linn, del libro *Sleeping with Bread: Holding Whar Gives You Life* [Dormir con el pan: Retener lo que nos da la vida], Paulist, Mahwan, 1995, pp. 5-9.

Capítulo 8: El día de reposo

p. 152 «Cuando no permitimos que se establezca un ritmo de descanso... », Wayne Muller, *Sabbath* [El día sabático], Bantam, Nueva York, 1999, p. 1.

p. 157 «Era como si un pueblo entero se hubiera enamorado del séptimo día», Abraham Heschel, *The Sabbath* [El día sabático], Farrar, Straus & Girous, Nueva York, 1951, pp. 15-17.

p. 158 El contraste entre el sábado judío y esa tarde de domingo en la cafetería Mudhouse proviene de Lauren Winner, *Mudhouse Sabbath* [Día sabático en Mudhouse], Paraclete, Brwster, Miss., 2003, pp. 3-4.

p. 161-161 «Debido a que no descansamos...»: Muller, *Sabbath* [Día sabático].

Capítulo 9: Una regla de vida

p. 172 Si alguien se interesa por conocer la Regla de San Benedicto más en detalle, hay una excelente traducción al inglés, *The Rule of St. Benedict in English*, de la editorial Timothy Fry OSB, Liturgical Press, Colegeville, Minn., 1982. Además, existen muchos comentarios y aplicaciones de la Regla de San Benedicto a la vida moderna. Dos de los que más he disfrutado son: «Living with Contradiction: An Introduction to Benedictine Spirituality» [Vivir con la contradicción: Una introducción a la espiritualidad benedictina], de Esther de Waal (Morehouse Publishing, Harrisburg, Penn., 1997) y «Spirituality for Everyday Living: An adaptation of the Rule of St. Benedict» [Espiritualidad para la vida cotidiana: Una adaptación a la Regla de San Benedicto], de Brian C. Taylor (Liturgical Press, Collegeville, Minn., 1989).

p. 172-173 Otros recursos que pueden resultar útiles para desarrollar nuestra propia regla de vida son: *Soulfeast: An Invitation to the Christian Spiritual Life* [Fiesta para el alma: Una invitación a la vida espiritual cristiana], de Marjorie Thompson (Upper Room, Nashville, 1995), y Practicing Our Faith: *A Way of Life for Searching People* [Practicar nuestra fe: Una forma de vida para las personas que están en una búsqueda], ed. Dorothy Bass (Jossey-Bass, San Francisto, 1997).

Apéndice C: Elección de las disciplinas espirituales que corresponden a nuestras necesidades

p. 215 «Estas disciplinas constituyen el modo principal...», Richard Foster, «Growing Edges» [Bordes en crecimiento], *Perspective 9* [Perspectiva 9] número 2 (abril 1999), p. 1.

Nos agradaría recibir noticias suyas.
Por favor, envíe sus comentarios sobre este libro
a la dirección que aparece a continuación.
Muchas gracias.

EDITORIAL VIDA

8410 NW 53rd Terrace Suite 103

Miami, FL 33166

Vida@zondervan.com

www.editorialvida.com

www.ingramcontent.com/pod-product-compliance
Lightning Source LLC
LaVergne TN
LVHW031629070426
835507LV00024B/3398